경매하는 직장인

경매하는 직장인

650만 원으로 3년 만에 40억 원 만든 경매 투자법

정규범(경장인)
지음

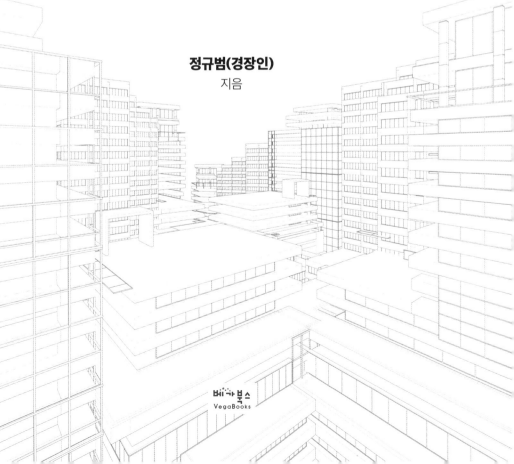

베가북스
VegaBooks

부자가 되기 위한 투자 마인드

저는 많은 투자자들이 이야기하는 '흙수저' 출신은 아닙니다. 하지만 어릴 때부터 자연스럽게 부모님으로부터 부동산 투자에 대한 생각을 물려받았고, 이후 나름대로 책을 읽고 제 것으로 소화하면서 어린 나이에 부동산 경매로 저만의 영역을 개척했다고 자부합니다.

이 책에서는 주로 부동산 경매를 다룹니다. 경매에 있어서 무엇이 가장 중요할까요? 저는 우선 투자 마인드가 갖춰져 있지 않으면 아무 의미가 없다고 생각합니다. 마치 공부하라고 자녀에게 좋은 학용품을 사줬는데 막상 공부는 하지 않는 상황이라고 보면 될까요? 반대로 얘기하면 투자 마인드가 있으면 부동산 경매든, 분양권이든, 주식이든 어떻게든 돈을 법니다. 그렇기 때문에 저도 유튜브나 칼럼을 통해서 가장 강조하는 것이 이 '투자 마인드'입니다.

저는 투자 성공에 있어서 마인드가 9, 기술이 1이라고 생각합니다.

단, 실력 없이 마인드만 가득 차 있으면 사고를 칠 수 있으며, 마인드 없이 실력만 있으면 실제로 행동하지 못한다고 생각합니다.

저는 어릴때 누구나 다 집에서 이러한 투자 마인드에 대한 교육을 받는 줄 알았지만, 실제로 투자 상담과 강의를 해보니 이런 것을 모르는 분들이 많아서 놀라기도 했고 안타깝기도 했습니다.

자본주의 사회에서는 자본주의가 어떻게 굴러가는지를 모르는 '금융맹'도 글자를 못 읽는 문맹처럼 살아가는 데 큰 어려움을 겪을 수 있다고 생각합니다. 따라서 이 책을 통해 여러분이 부동산 경매에 관한 지식은 물론 마인드적인 측면도 채울 수 있도록 노력했습니다.

특히, 부동산은 자산의 성격을 가지고 있으면서도 인간이 살아가는 데 있어서 필수재라고 봅니다. 그렇기 때문에 대한민국에 사는 한 외면하려야 외면할 수가 없죠. 부동산을 알면 크게는 자본주의를 이해할 수 있고, 그중에서도 부동산 경매를 알아두면 투자로 돈을 버는 것뿐 아니라, 전·월세로 거주할 때 집주인에게 주는 보증금을 안전하게 지키는 데도 경매 지식을 활용할 수 있습니다.

또한, 부동산 경매를 터득하면 다른 여러 부동산 투자 방법(재개발, 분양권, 토지 등)은 너무나도 쉽게 느껴질 것입니다. 처음에 어렵게 배우면 그만큼 다른 것들은 쉽게 배울 수 있으니까요. 즉, 여러분들은 이 책을 통해 부동산 경매로 자산을 늘려가는 것뿐만 아니라, 여러분의 자산을 지키는 데도 활용했으면 좋겠습니다.

부모님 세대에는 하지 않았던
MZ세대의 고민

예전 부모님 세대는 좋은 대학을 졸업하여 좋은 회사에 들어가면 결혼해서 먹고 사는 데는 문제가 없다는 인식이 있었습니다. 은행에 돈을 넣어놓으면 높은 이자율 때문에 돈이 저절로 불려졌고, 대부분의 기업이 나날이 크게 성장하고 있었습니다. 이에 따라 직원들도 '평생직장'이라는 개념 하에 회사에 충성을 다했습니다.

하지만, 지금은 어떤가요? 세계적으로 저금리 기조가 계속됨에 따라, 인플레이션이 이자율보다 높아졌고 자연스럽게 통장에 넣어둔 돈은 금액만 그대로이지 가치는 계속 떨어지고 있습니다.

40년 전에 50원이었던 새우깡의 가격이 현재는 1,200원이 된 것처럼, 앞으로 2,000원 또는 3,000원으로 계속 상승할 가능성이 있습니다. 하물며 부동산 가격은 어떨까요?

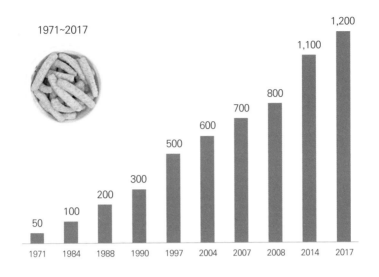

1971~2017

1,200
1,100
800
700
600
500
300
200
100
50

1971 1984 1988 1990 1997 2004 2007 2008 2014 2017

▲ 새우깡의 가격 변동 추이

이 책을 읽는 여러분은 어떻게 생각하나요? 여러분의 상사가 여러분의 10년 혹은 20년 뒤의 모습이라고 하면 만족스러운가요? 만약에 만족스럽다면 이 책을 펴지 않았으리라 생각합니다. 저 또한 그러했으니까요. 아무리 직급이 올라가면서 월급이 올라간다고 한들, 그 월급으로는 미래의 자녀와 내가 원하는 집에서 행복하고 여유롭게 사는 모습이 그려지지 않았습니다. 월급은 250만 원이었고 이자율 4%를 기준으로 6억 원에 대한 대출 이자만 200만 원이었습니다.

지금 20, 30대분들과 재테크나 투자에 대해 상담을 해보면 누구나 부러워할 만한 회사에 다니고 있으면서도 미래에 대한 불안함은 끊

이질 않더군요. 왜 이렇게 되었을까요?

저는 이 원인을 저금리와 인플레이션의 콜라보로 봅니다. 쉽게 얘기해서, 부모님 세대 때는 급여를 열심히 모아서 저축만 해도 이자율이 10% 이상 나오기도 했고, 그렇게 통장에 돈을 열심히 넣어 두면 내 집을 마련할 수 있는 미래가 그려졌습니다. 내 집이 생기니 자녀를 2~3명씩 낳아도 불안함이 없었고 경제는 계속 호황이었습니다.

하지만 지금은 어떤가요? 이전 세대보다 급여의 절대 금액 자체는 높아졌지만, 인간이 살아가는 데 있어서 반드시 필요한 부동산의 가격은 직장인들이 대출을 받더라도 꿈꾸기 어려울 정도로 높아졌습니다. 더욱이 통장에 돈을 넣어 봤자 소비재 가격 상승보다 못한 예금 이자가 들어옵니다. 저금리는 앞으로도 쭉 지속될 것으로 예상됩니다. 그래서 젊은이들 사이에는 '이생집망(이번 생애에는 집을 사기는 망했다)'이라는 유행어가 생기기도 했습니다.

원인은 바로 연봉 상승률 이상으로 자산의 인플레이션이 발생되기 때문입니다. 내 집 마련을 포기하고 빌려 살면 된다고 생각할 수도 있지만, 문제는 무주택 또한 월세나 전세로 살아야 하기에 공짜가 아니라는 거죠. 더 큰 문제는 남의 집을 빌려 살아야 하는 경우에도 장기적으로 주거비가 계속 올라간다는 것이다(전세 혹은 월세 비용 상승).

또 한쪽에서는 집값은 지금 너무 거품이며 곧 걷힐 것이라고 하는데 그럴 수도 있다고 봅니다. 하지만 역사적으로 봤을때 10년 중에

8년은 오르고 1~2년 정도는 조정 시기가 있었는데, 그 1~2년이 무서워서 나머지 7~8년을 내 집 마련을 포기해야 한다면 내 집 마련은 점점 더 멀어지리라 확신합니다.

제 경험에 의하면, 직장인에게 집값은 말도 안 되는 거품이라고 생각되겠지만, 세상에는 돈을 한 달에 몇억씩 벌어들이는 사람도 많습니다. 그들은 대출을 받지 않아도 그냥 현금으로 부동산을 매수하곤 합니다.

필자는 운이 좋게도 이러한 마인드나 지식을 투자자들의 책을 통해 접했습니다. 일찍이 준비한 덕분에, 투자 그 중에서도 부동산 경매를 시작했고, 투자한 자산이 불어난 돈으로 자동차와 내 집을 마련하고 어린 두 자녀를 두고 행복하고 여유롭게 살고 있습니다.

필자의 수강생 중에는 40대나 50대분들도 있는데 젊은 사람들 못지않게 열정이 가득합니다. 이것을 보고 나이가 중요한 게 아니라, 본인의 하고자 하는 의지와 실행력이 중요하다는 것을 느꼈습니다.

이 책을 읽는 여러분도 단순히 부자가 되겠다는 막연한 목표보다는 일단 차근차근 경매로 한 채의 집을 낙찰받는 것부터 해보자는 생각으로 내용을 쭉 읽고 경매 물건을 검색하는 것부터 시작하길 권합니다.

목차

1부 돈이 없던 20대 신입사원이 경매를 시작한 이유

2부 부동산 경매를 시작하기 전에 알아야 할 것들

3부   부동산 경매의 첫 시작, 경매 사이트 살펴보기

4부   잃지 않는 투자를 위한 권리 분석

5부 대출 레버리지 및 수익률 분석법

6부 부동산 손품 및 임장 조사

7부 | 이제 실전이다. 경매 입찰 방법

8부 | 낙찰은 새로운 시작, 점유자 명도 꿀팁

9부 **더 많은 수익을 올리기 위한 인테리어 및 계약 방법**

부록1: **부동산 경매에 필요한 상식**

부록 2: 부동산 경매 실전 후기

1부

돈이 없던
20대 신입사원이
경매를 시작한 이유

1장

무주택자 신입사원이
주식이 아닌
부동산 경매를 택한 이유

제가 투자를 결정할 때 항상 염두에 두는 것이 있습니다. 바로 '누구나 쉽게 할 수 있는 투자는 돈을 벌기 어렵고, 반대로 힘들수록 돈을 벌 기회는 많다.'는 것이죠. 부동산 투자는 보통 주식이나 코인과 비교되는데, 초기 투자금과 고생하는 것을 따지면 부동산 투자가 주식보다 큰돈이 들고 투자하는 데 있어 많은 에너지가 들어갑니다.

저는 부동산 투자 방법 중에서도 더 고생스러운 경매를 선택했는데 그 이유는 두 가지입니다. 우선은 시세보다 싸게 살 수 있어서고 다음은 소액으로 투자할 수 있기 때문입니다. 경매를 하는 모든 분은 이 시세보다 싸다는 매력 때문에 그 고생을 하면서도 꾸준히 경매 법정에 갑니다. 더욱이 경매가 어렵다는 말은 대부분 어려운 물건을 보니까 나온 경우가 많았죠. 이는 반대로 생각하면 쉬운 물건을 보면 어렵지 않게 투자할 수 있다는 의미입니다.

저는 그렇기 때문에 오히려 여기서 돈이 될 것이라 확신했고 그 확신을 현실화하는 데는 2년이면 충분했습니다. 저의 경우 주식이나 코인을 하는 회사의 동료는 손실을 본 경우도 많았지만, 부동산 투자는 꾸준히 하는 사람치고 손실을 봤다는 경우는 본 적이 없습니다. 저 역시 투자한 부동산에서 2년 뒤 전세가와 시세가 상승하면서 큰 여유 자금을 얻었습니다.

200만 원의 월급을 받던 신입사원이 부동산 투자로 몇천만 원을 버는 것을 체험하면서 남이 말려도 계속 투자했습니다. 다만, 주식처럼 실시간으로 가격이 변동되는 자산이 아니기에 최소 2년 이상은 꾸준히 보유하면서 계속 투자처를 찾았습니다.

내가 원하는 가격을 적어서 살 수 있는 자산은 부동산 경매가 유일무이합니다. 남들이 하는 것을 따라 하면 남들만큼만 됩니다. 그러나 남들과 다르게 투자하면 남들과 다르게 살게 됩니다.

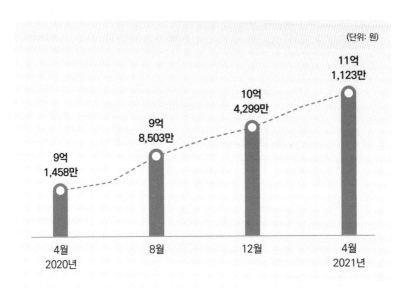

(단위: 원)

11억
1,123만

10억
4,299만

9억
8,503만

9억
1,458만

| 4월 | 8월 | 12월 | 4월 |
| 2020년 | | | 2021년 |

자료: KB국민은행 리브부동산

▲ 서울 아파트 평균 매매 가격

2장

막내 사원도
경매를 할 수 있었던
꿀팁

많은 분이 저에게 물어봅니다. 사회초년생이 회사 일에 적응하기도 바빴을 텐데 어떻게 그 어렵다는 부동산 경매를 시작했는지 말이죠.

그럼 저는 이렇게 대답합니다. 부동산 경매에서 어려운 물건은 어렵지만, 쉬운 물건도 많이 있다고요. 저는 일단 쉬운 물건 위주로 살펴보면서 퇴근 후 시간을 최대한 이용하여 조사했습니다. 불필요한 야근은 절대로 하지 않았고요. 야근한다고 회사가 내 미래를 책임져주지 않기 때문이죠. 대부분의 직장인은 퇴근 이후에 여가로 시간을 보내지만, 저는 미래를 바꾸기 위해 부동산 경매에 매진했습니다. 그게 1~2년이 지나니 평범하게 시간을 보낸 직장 동료와는 인생이 달라졌습니다.

그럼 지금부터 근무 시간 외의 시간을 어떻게 활용했는지 알려드리겠습니다. 부동산 경매에 입찰하기 위해서는 물건마다 정해진 시간과 날짜(일반적으로 평일 오전 10~13시 30분까지 진행)에 법정에 참석하여 입찰서류를 제출해야 합니다. 평일 오전 10시와 13시 30분 사이는 직장인이 반차를 내기에도 애매한 시간이고, 보통 휴가를 내야 참석이 가능한 상황이죠. 휴가를 마음대로 낼 수 없는 직업에 종사하거나 저처럼 조직의 팀 막내라서 눈치가 보인다면 더 고민스러울 수밖에 없죠. 그런데도 제가 꾸준히 입찰할 수 있었던 팁은 다음과 같습니다.

첫 번째로는 대리인 입찰 제도라는 것이 있습니다. 경매에서는 이 대리인 입찰 제도 때문에 입찰자(본인)의 위임장과 인감증명서 그리고 인감도장이 찍힌 기일입찰표를 보내주면 대리인이 대신 법정에 참석하여 경매에 입찰할 수 있습니다.

위임장 양식은 다음과 같습니다. 참고로 인감증명서는 인터넷 발급이 불가능하고 직접 근처의 동사무소로 가서 발급받아야 합니다. 전국 어느 동사무소도 상관없습니다.

즉, 대리인 제도를 활용하면 지인에게 부탁해도 되고, 일정 수수료를 지급하고 전문 경매 입찰 대리인을 고용해도 됩니다(참고로 저희 카페에서 추천하는 대리인의 수수료는 처음 계약 시는 30만 원이고 낙찰 시에는 낙찰가의 1% 추가 수수료가 있습니다). 패찰 시는 별도 수수료가 없습니다.

			위　임　장			
					년　월　일	
수 입 인 (대 리 인)	성　명		(인)	주민등록번호		
	주　소				(☎	)
위 임 인	성　명		(인)	주민등록번호		
	주　소				(☎	)

위의 사람을 본인의 대리인으로 정하여

다음의 위임사항에 대하여 본인의 권한을 위임합니다.

위　임　사　항

1.

2. 첨부서류 : 위임인 인감증명서 1부.
　　　　　　위임장 1부(위임인 사용인감도장 날인분).

▲ **위임장 양식**

　두 번째로는 경매에 나온 부동산을 조사하면서 최대한 집에서 조사를 끝내는 것입니다. 즉, 퇴근 후에 1~2시간만 시간을 내서 최대한 인터넷으로 조사를 끝내는 것입니다. 이렇게 꾸준히 조사하다 보면 물건을 보는 속도도 빨라지고 좋은 물건을 찾는 눈을 기르게 됩니다. 그러면서 같은 시간 동안 조사해도 점점 더 좋은 물건을 찾게 되는 것이죠.

구체적으로는 뒤에서 계속 설명하겠지만, 물건을 검색하고 권리를 분석하고 네이버나 카카오맵으로 물건지 주변을 조사(버스정류장, 지하철, 학교, 마트 등의 편의 시설을 파악)하며, 주변 실거래가를 파악하고 인근 공인중개사에 전화로 조사하는 과정 등이 집에서 인터넷이나 전화로 할 수 있는 조사라고 할 수 있습니다.

이렇게 조사를 마치면 처음엔 좋아 보였던 경매 물건에서 단점이 보일 수도 있고, 처음엔 그저 그랬던 물건이 조사를 통해 괜찮은 물건이 될 수도 있습니다. 그렇게 일차적으로 필터링한 물건을 선별해서 현장에 가서 조사해야 합니다. 이 현장조사를 보통 '임장'이라고 합니다. 만약 집에서 멀리 있는 물건이면 반나절 이상 소요될 수 있습니다. 구체적인 현장조사 방법은 이후의 장에서 다시 설명하겠습니다.

이처럼 미리 집에서 인터넷이나 전화 조사를 하고 임장 가는 것과 조사 없이 가는 것과는 하늘과 땅 차이입니다. 사전 조사는 실제 임장을 통해 기억을 남기기 위함도 있지만, 사전에 투자 가치가 없는 지역을 걸러내서 시간을 절약하기 위해서라도 꼭 해야 하는 부분입니다.

마지막으로, 이 글을 읽는 여러분이 직장인이라면 부동산 경매에 참여하는 것을 회사에 알리지 않길 바랍니다. 이것은 저의 경험인데, 6개월 동안 7번에 걸쳐 부동산 검색, 조사, 입찰, 패찰을 반복한 끝에 첫 낙찰을 받았습니다. 첫 낙찰의 그 짜릿한 기분은 경험해본 사람들만 알 것입니다. 낙찰받은 것도 너무 기뻤는데 뒤쪽에 있는 대출상담사들이 몰려와서 명함을 주면 법원에서 인기스타가 된 것 같은 느낌에 마음이 더 들뜨게 됩니다. 당시 저는 오전 반차만 냈기에(다행히, 오후에 늦게 들어가도 눈치를 덜 주는 회사이긴 했습니다) 오후에 회사에 들어갔는데, 너무 들뜬 나머지 낙찰받은 소식을 친한 동료에게 이야기하고만 것입니다.

그 동료에게는 비밀로 해달라고 했지만, 소문이 회사에 퍼지는 데 며칠 걸리지 않았습니다. 소문이 퍼지는 것까지는 그렇다 칩시다. 하지만 그 소문 때문에 개인적으로 전화할 일이 생겨서 자리를 비울 때마다 근처에 있는 직원들이 제가 하라는 일은 안 하고 부동산에 또 전화하러 간다고 뒤에서 얘기했다고 합니다. 이 얘기를 듣고 정신적인 스트레스를 너무 많이 받아 퇴근 후에 경매 검색과 조사를 해야 했는데 3개월간 아무것도 하지 못했습니다(이 기간에 몇 채를 더 받았다면 지금 더 좋은 성과가 있었을 텐데 아쉽다는 생각이 듭니다).

결국, 회사는 직원이 회사의 일만 하길 바라지, 다른 곳에서 돈을 번다는 것을 알게 되면 절대로 좋아하지 않습니다. 그 일이 잘되면 저처럼 회사에 충성을 다하지 않고 떨어져 나갈 테니, 어떻게든 못하게 하려고 막을 것입니다. 또한, 회사 동료들도 공감대(업무, 대화 등)가 형성될 때나 내 사람이지, 회사 일만 하는 본인보다 잘 나간다는 것을 아는 순간 적으로 돌변할 수도 있음을 알았으면 합니다.

여러분들은 애초에 부동산 경매에 참여하는 것을 비밀로 한다면 전혀 문제 될 것이 없습니다. 회사에서는 회사와 관련된 업무 이야기만 하는 것이 좋고요. 여러분의 사생활을 포함해서 회사 외적으로 나눈 이야기가 칼이 되어 돌아올 수도 있습니다. 제가 받았던 것처럼 말이죠.

3장

2년 전 650만 원을
40억 원 자산으로
만들어준 경매

지금부터는 저의 이야기를 해보려고 합니다. 어떻게 전 재산이 650만 원인 외국계 기업을 다니는 사회초년생이 부동산 투자를 할 수 있었을까요? 아마 대부분은 650만 원으로는 절대 불가능하다고 생각할 것입니다. 그러나 투자자는 스스로 해결 방법을 찾습니다. 통장에는 650만 원밖에 없었지만, 저는 직장인이라는 신분을 이용해서 가용 가능한 마이너스통장 5,000만 원을 뚫었고 그것을 투자금으로 활용했습니다. 여기까지만 얘기하면 많은 사람이 이렇게 얘기하겠죠. "신용대출까지 끌어서 부동산 투자를 한다고? 미쳤군."

하지만 제가 생각하기엔 대출받아서 가치가 하락하는 자동차나 소비재를 사는 게 더 미친 짓인데 이런 대출은 아무렇지 않게 하는 것 같습니다. 반면 대출을 받아서 앞으로 가치가 올라가는 부동산 같은 자산을 취득하는 것은 자본주의 사회에서 살아남기 위해서 필요하다고 생각합니다. 대출을 적절히 활용하면 자산을 매우 효과적으로 늘릴 수 있습니다. 전 세계 수많은 부자가 자기가 모은 돈만으로 그런 부자가 될 수 있었을까요? 절대 아닙니다. 은행 대출을 적절히 활용했기에 가능했습니다.

참 이상한 일입니다. 대출로 자동차를 사는 건 쉽게 하면서, 대출로 집을 사고 부동산에 투자하는 것은 미쳤다니 말이죠. 참고로 제가 3년 전 부동산 경매 투자로 사용했던 5,000만 원의 대출은 모두 상환한 상태입니다(월급으로 갚은 게 아닌, 부동산의 가격 상승 및 전세가 상승분으로 상환했습니다. 앞으로 좋은 투자처가 있다면 언제든 또 꺼내서 쓸 계획입니다). 자산 40억 원에 달하는 11채의 부동산을 만드는 데 가장 크게 공헌한 소중한 마이너스통장입니다. 이 11채의 부동산에서 2년마다 전세가 상승분으로 한 채당 1,000~2,000만 원씩 나오고 있으며, 총 11채이니 2~3달에 한 번씩은 이 금액을 받고 있는 셈이죠. 물론 전세가가 떨어질 수도 있습니다만(아직 그런 적은 없습니다), 그 경우를 대비해서 돌려줄 전세금만큼의 자본금은 통장에 있으며, 언제든 마이너스통장을 사용할 수 있으니 걱정 없습니다.

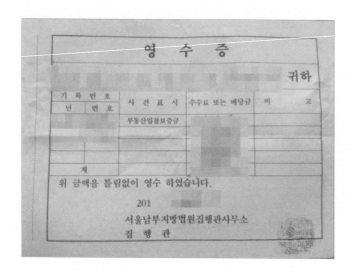

▲ 낙찰 영수증

만약 제가 3년 전에 5,000만 원으로 부동산이 아닌 외제 차를 샀으면 어떻게 되었을까요? 시간이 지남에 따라 감가상각으로 자동차의 가격은 내려가고, 더 나아가 차량 대출 금액이 차량의 잔존가치보다 높아질 수도 있습니다. 이런 경우에는 차를 팔려면 돈을 받는 게 아니라 대출 때문에 오히려 돈을 주고 차를 팔아야 하는 웃지 못할 상황이 올 수도 있습니다.

이것이 핵심입니다. 5,000만 원으로 적절하게 담보대출을 받아 부동산 투자를 한 저는 지금 11채의 부동산인 40억 원의 자산을 만들었지만, 만약 자동차를 샀다면 전 재산이 최소한 3,000만 원 이하일 것이라고 생각합니다.

　이것이 바로 대출을 이용해 가치가 상승하는 '자산'을 모으느냐, '부채'를 모으느냐의 차이라고 생각합니다. 그중에서도 저는 대출을 활용해서 시세보다 저렴하게 가치가 상승하는 자산을 사는 부동산 경매를 한 것이죠. 하지만 안타깝게도 인간의 욕망 대상이 되는 소위 멋진 것들(비싼 자동차, 명품 시계, 사치스러운 액세서리)처럼 겉으로 보이는 것들은 대부분 소비재(부채)입니다. 이 책을 읽는 여러분은 미래에 여유 있는 생활을 위해서 이런 소비재를 사서 모으는 게 아니라 자산(부동산, 주식, 사채) 등을 사서 모으는 게 중요하다고 생각합니다. 사치품은 자산을 충분히 모은 후에 자산 가치가 오르면서 여러분이 돌려받은 돈 중에 여윳돈으로 사는 것이 좋습니다(이 돈으로 재투자를 하면 더 좋긴 하겠지만, 월급으로 소비재나 사치품을 사는 것보단 훨씬 낫습니다).

언제나 욕먹는
부동산 경매,
그런데 결국 돈을 버네요

많은 수강생들이 부동산 경매를 한다고 하면 주변에서 걱정 어린 눈으로 보거나, 심지어는 그런 것을 하면 안 된다고 말린다고 합니다. 저는 실은 앞으로도 많은 사람이 부동산 경매를 '하면 안 되는 것'으로 생각했으면 하는 마음도 있습니다. 그래야 이 책을 보는 여러분만큼은 낮은 경쟁을 통해 좋은 물건을 좋은 가격에 받지 않을까요?

앞서도 얘기했지만, 우리가 부동산 경매를 하는 것은 돈을 벌기 위해 하는 것이고, 그러기 위해선 아무나 할 수 없는 진입장벽이 있으면 좋습니다. 한 예로 과거 한때 대만 카스텔라가 크게 유행한 적이 있었습니다. 진입장벽이 낮았기에 누구나 큰 자본금 없이 쉽게 시작할 수 있었지만, 몇 년이 지난 지금은 거리에서 찾아볼 수 없게 되었습니다. 진입장벽이 낮아서 무분별한 경쟁이 시작됐고, 여러 문제도 있었지만 결국 시장의 외면을 받아 길거리에서 보기 힘들어진 것이죠.

지금도 저는 꾸준히 부동산 경매 물건에 입찰하고 있고, 종종 입찰 법정에서 수강생을 만나기도 합니다. 부동산 경매가 돈이 되는 이유는 아무리 경매가 보편화되었다고 하지만 여전히 선입견 때문에 아무나 할 수 없다는 생각 때문이라고 봅니다. 이 책을 읽고 여러분이 입찰장까지만 가도 선입견을 가진 대부분의 사람을 제치는 것이기에 돈을 벌 수 있다고 생각합니다.

저도 지금까지 경매로 받은 물건들이 소액으로 입찰했던 빌라나 오피스텔 위주였기에 조사하면 주변의 공인중개사 분들을 비롯해서 많이 걱정하셨죠. "그거 받아서 뭐 하게?", "그거 감가상각되면 남는 게 없을걸?" 등 말이죠. 하지만 그렇게 부정적인 말을 들으니 오히려 아무나 못할 것이라는 확신이 들었습니다. 결론적으로 3년이 지난 지금, 그렇게 걱정을 받았던 물건의 시세는 최소 2,000만 원에서 많게는 5,000만 원까지도 올랐습니다. 여기에 저렴하게 매입한 것까지 계산하면 제가 깔고 앉은 시세차익은 더 올라가게 되겠죠.

여러분도 경매를 하다 보면 수많은 부정적인 이야기로 행동을 그르치게 하는 유혹을 받을 것입니다. 그럴 때마다 저의 경험담을 보면서 용기를 얻기 바랍니다. 결국, 자본주의 사회에서 아무것도 실행하지 않는 것보다 위험한 것은 없습니다.

앞으로도 사람들에게 부동산 경매가 계속 부정적인 시선을 받았으면 좋겠습니다. 이 책을 읽는 여러분과 저의 수강생이 부동산 경매를 통해 계속 좋은 결과를 낼 수 있도록 말이죠!

▶ 요약  정리 ◀

1. 부동산 투자에 있어 가장 중요한 것은 기술도 돈도 아닌 '투자 마인드'다.

2. 부동산 가격은 장기적으로 우상향으로 올라가는 '필수재'라서 가장 안전한 투자라고 할 수 있다.

3. 남들이 어렵다고 '기피'하는 곳에 '기회'가 있을 수 있다.

4. 경매에는 대리인 제도가 있어 직접 입찰을 가지 않아도 된다.

5. 부동산 경매는 시세 조사만 제대로 했다면 이기고 들어가는(저렴하게 얻기 때문에) 투자법이다.

2030이 돈이 없는 건 당연합니다

최근 신문이나 뉴스를 보면 집값이 한 달에도 몇천만 원, 많게는 몇억 원이 올라가는 뉴스를 접하곤 합니다. 이런 뉴스를 볼 때마다 이제 막 사회생활을 시작해서 한 달에 50, 100만 원씩 모으기 시작한 사회초년생은 많이 허탈할 것 같습니다. 사회초년생분 아니라 대리·과장급인 20·30세대도 올라가는 집값을 월급을 모아서 따라가기에 역부족인 것은 사실입니다.

그런 분들에게 꼭 하고 싶은 말이 있습니다. 원래 집(부동산)은 돈을 모아서 현금으로 사는 게 아니라는 겁니다. 제가 뒤에서 설명할 투자 방법도 모두 남의 돈(대출)을 이용해 자산을 빠르게 증식했다는 공통점이 있습니다.

또한, 지금 당장 모은 금액은 집값에 비하면 크지 않을지라도, 적게라도 투자금을 모아야 작은 부동산이나 내 집을 마련하는데 기초가 된다는 것입니다. 대출이 잘 나와서 70%까지 나와도 여전히 30%는 내 돈이 있어야 하죠.

중요한 점은 지금 보기에 대단해 보이는 투자자들도 금수저가 아닌 이상 대부분 월급을 모아서 투자를 시작했다는 것입니다. 그들이 시작했을 때라고 부동산이 저렴했을까요? 부동산은 항상 비쌌고, 말도 안 되는 가격이라고 비난을 받았습니다. 그런데도 물가가 올라감에 따라 꾸준히 상승해왔습니다.

요약하자면, 20·30세대는 돈이 없는 게 당연한 것이며, 부동산을 내 돈을 모아 사려고 하다 보면 부동산은 시간을 머금고 더 먼 곳으로 갈 것입니다. 그러기에 어느 정도 모았다면 그 모은 돈으로 살 수 있는 부동산을 알아보면서 부동산을 보는 눈도 기르고, 내 소유의 집도 마련해서 자본주의 사회에서 자산 가격이 올라가는 것에 여러분의 재산을 편승하길 바랍니다.

2부

부동산 경매를
시작하기 전에
알아야 할 것들

1장

부동산 경매를 위한
네 가지 준비물

투자 마인드

첫 번째는 앞서도 계속 강조했던 투자 마인드입니다. 첫 번째로 투자 마인드를 넣은 것은 그만큼 가장 중요하기 때문입니다. 학창 시절에 같은 반에 항상 전교 1등을 놓치지 않는 친구가 있었습니다. 저도 공부를 더 잘하고 싶어서 많은 노력을 했기에 그 친구가 어떻게 공부하는지 살펴봤습니다. 어떤 책으로 공부를 하며, 어떤 학원에서 어떤 강사에게 어떤 강의를 듣는지 살피면서 '나 역시 똑같이 하면 전교 순위에 들 수 있겠지?'라고 생각했습니다. What(무엇)에 집중을 한 것입니다.

하지만 저와 그의 차이는 What(무엇)이 아니라 How(어떻게)의 차이였습니다. 그 전교 1등 학생에게는 특이한 점이 있었는데 웬만해서는 답안지를 보지 않는다는 것이었습니다. 즉, 스스로 문제의 답을 찾고 문제를 해결하는 과정 자체를 즐기는 것처럼 보였습니다. 즉, 학창 시절에 우리가 흔히 이상하게 생각하는 공부를 즐겁게 하는 아이였고, 여기에 노력까지 하는 친구였던 거죠. 그러니 공부를 잘할 수밖에 없었습니다.

어떤 학원에 다니고 어떤 문제집을 푸는지는 따라 할 수 있어도, 공부를 대하는 태도를 따라가기는 쉽지 않습니다. 아마 이 태도를 따라갈 수 있다면 성적이 엄청나게 빠른 속도로 올라갔을 것입니다. 그만큼 어떤 것을 할 때도 태도, 즉 How는 중요합니다.

안타깝지만, 부동산 투자도 마찬가지라고 봅니다. 저는 똑같은 내용으로 강의를 하는데 대부분의 사람이 '회사 일이 바빠서', '청약을 준비하고 있어서', '집에서 반대해서' 등의 핑계로 부동산 투자를 미룹니다. 반면, 학창 시절의 전교 1등처럼 스스로 해결책을 찾아 다양한 문제를 해결해서 결국 투자로 큰 수익을 보는 분도 있습니다. 제가 강의하는 내용(what)이 중요한 게 아니라 듣는 사람의 투자 마인드(How)가 중요한 것이죠. 이 책도 마찬가지입니다. 같은 책을 읽는 누군가는 성과를 만들겠지만, 누군가는 그냥 덮어둘 것입니다. 차이가 무엇인지는 위에 충분히 설명했다고 생각합니다.

부동산 경매를 꾸준히 하기 위해서는 이런 문제를 해결하는 과정 자체를 즐겨야 합니다. 애초에 문제가 있기 때문에 물건이 공인중개사 사무소가 아닌 법정으로 나온 것입니다. 또한, 낙찰까지 가기 위해선 많게는 10번의 패찰까지 경험하면서도 포기하지 않는 집념이 필요합니다.

최소의 투자금 3,000만 원

부동산 경매를 시작하기 위해서는 최소 3,000만 원의 자본금이 필요하다고 말씀드리고 싶습니다. 어떤 물건에 경매 입찰을 하느냐에 따라 다르겠지만, 여러분이 보는 지역의 좋아할 만한 물건은 대부분 다른 사람도 좋아할 확률이 높습니다. 그렇다면 가격도 높을 수밖에 없겠죠.

그동안 수강생을 지도해보니, 처음 경매를 시작하는 분들이 볼만한 물건의 최소 필요 투자금은 3,000만 원 이상인 경우가 많았습니다. 그러니 일단 최소 3,000만 원을 만들어서 그에 맞는 물건을 보도록 합시다. 물론 3,000만 원이 적은 금액은 아니지만, 투자금을 모으는 시간 자체를 일종의 '수련'의 과정이라고 생각하면 좋습니다. 물론, 이 투자금은 제가 했던 것처럼 마이너스통장을 활용할 수 있다면 모으는 기간 없이 경매에 입찰할 수 있습니다.

스노우폭스그룹 김승호 회장님이 집필한 베스트셀러《돈의 속성》의 첫 페이지에는 이런 문장이 있습니다. '돈은 인격체다(Money is Person).' 이 말을 좀 더 자세히 풀어서 설명하면 돈이라는 것도 감정이 깃들어 있어 자기를 소중히 다루며 아껴주는 사람에게 더 많은 돈이 몰리게 되며, 흥청망청 쓰는 사람에게는 가야 할 돈도 가지 않게 된다고 해석할 수 있습니다.

어차피 3,000만 원을 모으기 전까지 부동산 투자가 어렵다면 재테크를 통해 열심히 돈을 모으며, 돈을 대하는 습관을 다듬어가면서 동시에 부동산에 대한 기본기를 익히는 시간으로 삼으면 정말 좋다고 생각합니다. 부동산의 기본기는 책을 읽어도 좋고, 모임에 가도 좋고, 유료 강의를 듣는 것도 좋습니다. 지금은 온라인으로 들을 수 있는 저렴한 가격의 강의도 많아져서, 강좌의 커리큘럼을 살펴보고 강의를 골라서 들을 수 있습니다.

제가 앞서 설명한 것처럼 마이너스통장을 가용할 수 있다면 이를 적극적으로 활용해도 좋습니다. 이후에 설명할 경매 낙찰 사례에서도 이 부분에 대해서 다시 한번 더 설명하겠습니다.

여러분이 투자금을 준비해서 실전으로 뛰어들기 위해서는 먼저 '잃지 않는 투자'가 필요한데, 그러기 위해서는 당연히 부동산에 대한 기본적인 안목을 갖추어야 합니다. 이때 쌓은 돈을 대하는 습관과 부동산 지식은 여러분을 평생 먹여 살릴 지적자산이 될 것입니다.

부동산 경매 지식

세 번째는 부동산 경매 지식입니다. 앞서 마인드만 갖춰져 있고 지식이 없다면 사고를 칠 수 있다고 말씀드렸죠. 투자를 지속하는 데 있어서 잃지 않는 투자는 굉장히 중요합니다. 즉, 적당한 수준의 부동산 지식을 갖추고 잘못된 부동산 투자를 하지 않는 것 또한 중요하다고 할 수 있습니다. 특히, 경매에서 그릇된 지식으로 잘못된 입찰을 하게 되면 보증금으로 제출하는 돈을 돌려받지 못할 수도 있습니다. 뒤에서 실제 사례로 다시 설명하겠지만, 보증금은 보통 경매 물건 가격의 10%라고 생각하면 됩니다. 입찰하려는 물건이 10억 원대라면 보증금만 1억 원 정도를 제출해야 하는데, 본인의 과실로 문제가 생길 때는 보증금을 날릴 수도 있습니다.

법원에서 이런 상황이 심심찮게 발생하는데 원인은 크게 세 가지입니다.

첫 번째는 본인이 입찰하는 물건의 가격을 시세보다 높게 파악해서 높은 가격을 써서 제출한 경우입니다. 고가낙찰이라고 부릅니다.

이는 제가 수강생들에게 가장 강조하는 부분인데요. 수많은 패찰을 하다 보면 조급함이 생기게 마련이죠. 그 조급함 때문에 시세 조사를 제대로 하지 않고, 평소라면 제대로 살폈을 조사를 소홀히 하면서 이런 큰 사고가 생기게 되는 것입니다. 만약 고가 낙찰을 받게 되면 10%의 보증금을 포기할 것인지, 시세보다 비싸게 받더라도 물건의 소유주가 될 것인지를 정해야 합니다.

문제는 후자의 경우라도 경매이기 때문에 본인이 현재 사는 점유자의 이사 시 협의하는 문제나 인테리어에서 발생하는 문제 등을 추가로 떠안아야 한다는 것입니다. 이런 사고를 방지하기 위해서라도 반드시 시세 조사를 확실히 해서 자신 있는 가격을 적어내야 합니다.

참고로 저는 입찰자(경쟁자)가 아무도 없는 '단독낙찰'일지라도 후회하지 않을 가격을 계속 생각하면서 제출하라고 하는 편입니다.

두 번째는 대출을 확실하게 알아보지 않아서 잔금 낼 돈이 부족한 경우입니다.

경매에는 경매 대출을 전문으로 취급하는 대출상담사들이 있습니다. 문제는 이들이 워낙 바빠서 낙찰받기 전에는 상담하기 쉽지 않다는 것이죠. 쉽지 않다는 것이지 불가능하다는 것은 아닙니다. 본인이 입찰하고자 하는 물건의 가격을 생각하면 어떻게든 대출 가능 금액을 정확히 파악하고 입찰해야 합니다. 대출이 낙찰가의 70%가 나올 줄 알고 30%의 투자금을 준비했는데, 50%도 안 나온다면 그것만큼 큰 낭패는 없습니다. 잔금이 미납된 사건을 보면 이런 경우가 생각보다 꽤 많은데 지켜보면서 정말 안타깝습니다. 한 시간이면 조사할 것들을 하지 않아서 수천만 원에서 많게는 몇억 원의 보증금을 날리기도 합니다.

세 번째는 입찰서류에 가격을 잘못 기재한 경우(가령, 1억 원을 써야 하는데, 10억 원을 쓴 경우)입니다.

경매 입찰가를 적어서 제출하는 서류는 아래의 그림과 같습니다. 보면 숫자를 쓰는 칸의 간격이 넓지 않아 까딱 잘못하면 크게 실수할 수 있습니다. 가령 3이라는 숫자를 왼쪽으로 한 칸만 밀려 쓰면 3억 원이 아닌 30억 원이 되는 것입니다. 10배의 가격을 썼으니 당연히 낙찰될 것인데 문제는 10배의 가격으로 잔금을 낼 사람은 없을 것입니다. 그래서 잔금 미납이 되는 것이죠.

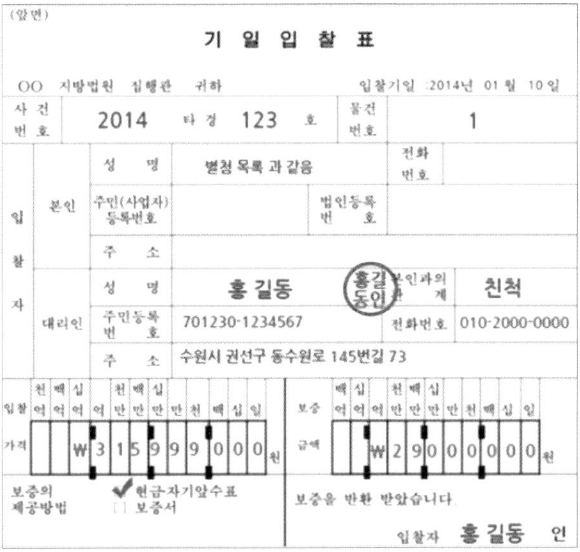
(앞면)

기 일 입 찰 표

OO 지방법원 집행관 귀하 입찰기일 :2014년 01 월 10 일

사건번호: 2014 타경 123 호 / 물건번호: 1

입찰자 본인 — 성명: 별첨 목록 과 같음 / 전화번호: / 주민(사업자)등록번호: / 법인등록번호: / 주소:

입찰자 대리인 — 성명: 홍 길동 (홍길동인) / 본인과의 관계: 친척 / 주민등록번호: 701230-1234567 / 전화번호: 010-2000-0000 / 주소: 수원시 권선구 동수원로 145번길 73

입찰가격 (천억 백억 십억 억 천만 백만 십만 만 천 백 십 일): ₩ 3 1 5 9 9 9 0 0 0 원

보증금액 (백억 십억 억 천만 백만 십만 만 천 백 십 일): ₩ 2 9 0 0 0 0 0 0 원

보증의 제공방법: ✔ 현금자기앞수표 / [ ] 보증서

보증을 반환 받았습니다.

입찰자 홍 길동 인

▲ 기일입찰표(경매 입찰가를 적어서 제출하는 서류)

이런 실수를 누가 하겠냐고 생각하겠지만, 입찰자 중에서는 나이가 있는 분들도 많고, 법정 자체가 긴장감이 돌기 때문에 생각보다는 그런 사고가 종종 발생하는 편입니다. 그래서 입찰가격은 제출하기 전에 여러 번 재확인해야 합니다.

이렇게 큰 금액의 보증금을 날리게 되면, 안타깝게도 그중 95% 이상은 다시는 경매법정에서 볼 수 없습니다. 본인의 과실로 큰돈을 잃었음에도 대부분 원인을 다른 데로 돌립니다. "경매, 그거 하면 대대손손 망해!", "경매했다가 큰돈 잃었어, 위험해!"라면서 말이죠. 어쩌면 이런 부정적인 메시지로 다른 사람이 경매로 큰돈을 벌 기회를 차단하는 것이죠. 저는 이런 사람을 항상 멀리합니다. 부정적인 언어는 전파 속도가 빠르고, 현혹되기 쉽기에 애초에 멀리하는 것입니다. 투자자에게 있어 부정적인 사고방식은 가장 경계해야 할 대상 1호입니다.

꾸준함과 지속성

마지막은 꾸준함과 지속성입니다. 이 책을 읽는 분 대부분은 부동산 경매를 통해 경제적 자유와 여유로운 삶 등을 꿈꿀 것입니다. 저도 그렇게 되기 위해서 지금도 계속 부단히 노력하고 있습니다. 하지만 분명한 것은 1~2번의 경매낙찰이 되었다고 해서 경제적 자유를 얻지는 못합니다. 즉, 투자라는 것이 여러분의 일상생활처럼 삶에 녹아들어가야 한다는 것입니다.

제가 수강생들과 상담하고 이야기를 나누면 어떤 분들이 좋은 성과를 내는지 알 수 있습니다. 성격이 급하고 인내심이 부족해서 짧은 기간에 좋은 성과를 내는 사람보다는 느긋하면서도 급하지 않고 꾸준히 지속하는 분들이 대체로 경매로 좋은 성과를 만듭니다.

경매라는 것이 시간이 상당히 많이 들어가며 그렇게 시간을 들여서 조사까지 마치고 휴가를 써서 법정에 가서 입찰했는데 패찰되면 그 실망감은 말로 표현할 수가 없죠. 저도 그런 실패의 경험을 거쳐 7번의 입찰 끝에 첫 낙찰을 받았고, 이후로도 계속 입찰에 참여하고 있습니다.

부동산 경매로 나오는 물건들이 계속 바뀌고, 언제 좋은 물건이 나왔다가 낙찰될지 모르는 것이기에 끈기 있게 물건을 검색하고 조사함으로써 여러분의 일상에 녹아들어 가게 하는 것이 중요합니다.

필자가 꾸준히 경매에 참여할 수 있던 원동력 중 하나는 패찰되었다고 실망하기보다는 좋은 경험 했다는 긍정적인 생각으로 자신을 업그레이드했다는 점입니다. 지금 생각해 보니 정말 그렇습니다. 패찰을 하더라도 그 동네를 누비면서 조사했던 경험, 공인중개사와 이야기하면서 알게 된 것은 여러분의 머릿속에 계속 남아있음을 꼭 기억했으면 좋겠습니다. 이렇게 긍정적으로 생각하니 저 또한 여러 차례 패찰을 반복함에도 꾸준히 경매에 참여할 수 있었습니다(당연히 패찰되면 보증금은 다시 돌려받습니다).

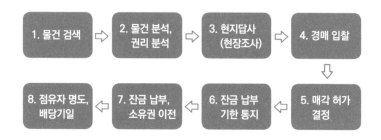

▲ 경매의 진행 과정

2장

첫 시작은
어렵지 않은
물건으로

제가 수강생들을 처음 만나면 항상 첫 시작은 어렵지 않은 물건으로 하라고 말씀드립니다. 저는 경매 입찰도 안 해본 분이 특수물건을 파고 있을 때 정말 안타깝게 생각합니다. 전체 경매 물건의 70~80% 정도는 소위 권리 분석상 문제없는 물건(낙찰받고 추가로 보상할 돈이라든지, 정리가 되지 않은 채무 관계 등이 없는 물건)이기 때문입니다.

권리 분석이란?

권리 분석이란 부동산 경매로 나온 물건에 얽혀있는 **각종 권리(근저당, 압류, 전세권 등)**를 분석하는 것을 말합니다. 잃지 않는 투자를 위해서는 권리 분석을 통해 내가 물건을 받았을 때 보상해야 할 금액이나 사라지지 않는 권리가 있는지 살펴보아야 합니다. 사실 권리 분석을 잘못해서 수천에서 수억 원의 보증금을 몰수당하는 경우가 많습니다. 기본적으로 경매에서는 조건을 충족하는 권리 외에는 모두 등기부에서 소멸시켜주기 때문에 너무 겁먹을 필요는 없습니다.

처음 경매를 접했다면 난이도가 낮은 70~80% 물건에 집중하는 것이 맞습니다. 나머지 20~30%의 어려운 물건을 보면서 "경매는 어려워.", "경매를 하려면 법 공부를 해야 해." 등의 말을 하는 것은 올바른 투자자의 자세가 아닙니다. 이것은 마치 RPG 게임으로 보면 본인은 레벨 5인데, 레벨 90짜리의 몬스터를 잡을 수 없다며 게임을 비난하는 것과 같습니다.

물론, 특수물건은 아무나 입찰에 도전할 수 없기에 입찰 경쟁률도 낮고, 시세보다 월등히 싸게 살 기회가 존재합니다.

실제로 억 단위의 정말 큰 수익을 얻으려면 대부분 특수물건을 통해서만 얻을 수 있습니다. 하지만 그만큼 예상치 못했던 리스크가 숨어있는 것도 사실입니다. 그래서 저도 실제로 권리상 하자 없는 물건에만 입찰하고 있습니다. 여기서도 충분히 시세보다 싸게 살 수 있고요. 실제로 직장인으로는 벌기 어려운 돈을 한 번에 벌기도 했습니다.

특수물건이란?

특수물건은 경매물건에 관해서 특수한 권리관계가 얽혀 있어서 낙찰받더라도 책임소재가 남아있는 것을 말한다. 대표적으로 **법정지상권, 유치권, 분묘기지권** 등이 있습니다. 특수물건을 잘 해결하면 특수물건이 아닌 경우보다 훨씬 더 낮은 경쟁에 좋은 가격으로 받아 큰돈을 벌 수도 있기는 하지만, 초보자분들에게는 추천하지 않습니다. 왜냐하면 반대로 분석을 잘못하면 큰돈과 긴 시간을 낭비할 수 있기 때문입니다.

기억합시다. 경매의 첫 시작은 쉬운 물건으로. 전체 프로세스(입찰→낙찰→임차/매도)를 완료하는 원 사이클을 돌리는 것을 목표로 합시다. 그게 익숙해진다면 특수물건은 그때 노려봐도 늦지 않습니다.

3장

600만 원으로
낙찰받은
화곡동 빌라

이번 장에서는 실제 저와 수강생이 낙찰받았던 사례를 소개하고 자 합니다. 이 책을 읽는 분들이 어렴풋이 경매는 어렵다는 편견을 깨는 데 도움을 드리고자 넣은 것이니 읽으면서 간접 경험을 하길 바랍니다.

다음의 화곡동 빌라는 제가 처음 경매로 낙찰받은 물건입니다. 낙찰 받기까지는 약 6개월이 걸렸고, 입찰은 평균적으로 한 달에 한 번 휴가 내고 가서 했기에, 7번째의 입찰에서 받은 물건입니다.

말이 좋아 한 달에 한 번이지 입찰을 위해서는 가격을 적어서 제출해야 하기에 수많은 인터넷 조사, 현장 방문, 거주자와의 인터뷰,

공인중개사 분들과의 만남(빌라에 대해서는 보통 좋은 말을 못 늘습니다) 등의 과정을 다 거쳐야 소신 있게 입찰 가격을 쓸 수 있습니다. 이렇게 고생해서 낙찰되면 다행이지만, 평균적으로 10번 입찰하면 한 번 낙찰이 될까 말까 한 수준입니다. 물론, 가격을 무조건 높이 쓰면 낙찰 되겠지만, 경매는 싸게 받을 때 가치가 있다고 생각합니다. 높은 가격을 써서 낙찰되면 그때만 기쁠 뿐, 나중에 높이 썼다는 생각이 들면 이후 보유하는 수년간 계속 맘이 쓰리고 아플 것입니다. 그럴 바엔 차라리 패찰되는 것이 낫습니다.

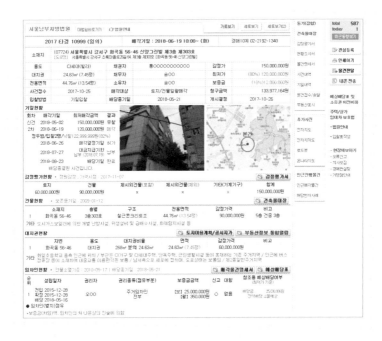

▲ **처음으로 낙찰받은 화곡동 빌라**

TIP 입찰과 낙찰, 패찰이란?

경매법정에 정해진 시간에 참석하여 본인이 원하는 물건과 가격을 적어 입찰표를 제출하는 것을 '입찰한다'고 하고, 해당 물건에 입찰한 사람 중 가장 높은 가격을 쓴 사람을 **최고가매수인** 또는 **낙찰자**라고 합니다. 흔히 낙찰자가 되면 '낙찰받았다'라고 표현하고, 낙찰받지 못하면 '패찰했다'라고 표현합니다.

해당 물건에 대해 소개하자면 최초 감정가가 1.5억 원에 경매로 나왔고, 최저가가 1.2억 원까지 떨어졌을 때 저를 포함해서 두 명이 입찰했습니다. 결국, 제가 122,999,999원, 2등한 분이 122,400,000원을 써서 근소한 차이로 저에게 낙찰되었습니다.

당시에는 대출 규제가 없었기에 81%인 1억 원을 대출받았고, 취·등록세로 약 200만 원을 지출했고, 세입자와의 재계약을 통해 보증금 2,500만 원을 받고 나니 더 들어간 돈은 없었습니다(무피 투자). 무피 투자가 가능했던 것은 대출이 잘 나온 이유도 있었지만(81%), 세입자를 이사 내보내지(명도) 않고 재계약을 했기에 공실 기간의 대출이자, 인테리어 비용, 이사 청소 비용 등을 아낄 수 있었던 부분도 있었습니다.

전 소유주와 계약해서 살던 세입자는 보증금 2,500만 원, 월세 35만 원에 계약해서 살고 있었고, 저와는 월세만 10만 원 올려서 보증금 2,500만 원, 월세 45만 원에 다시 계약해서 2년 더 거주하고 지금은 이사를 했습니다.

낙찰: 1.23억 원	총 투자비: 0원
취득세 등 세금: 200만 원	월 이자: 20만 원
대출: 1억 원(81%)	월세: 45만 원(무피 투자로 매달 25만
임차보증금: 2,500만 원(기존 임차인과 재계약)	원씩 남는 구조 완성)

▲ 취득세율

수익률을 정리하자면 위와 같습니다. 위에서 설명한 대로 묶인 돈은 없는데 매달 이자를 제외하고 25만 원씩 남게 되었습니다. 들어간 돈이 없으니 수익률은 무한대죠.

단순히 첫 투자이기에 운이 좋았다고 생각할 수 있지만, 6개월간 수많은 조사와 쓰디쓴 패찰 경험을 했음에도 포기하지 않고 제가 원하는 가격으로 꾸준히 했기에 가능했다고 생각합니다.

첫 낙찰을 받고 알게 된 사실은 패찰했던 물건들을 조사하면서 쌓은 노하우, 조사 방법, 공인중개사 분과의 대화 방법 모두가 도움이 됐다는 것입니다. 그러니 이 글을 보는 여러분도 패찰했다고 좌절하지 말고, 그 패찰 경험 또한 낙찰을 위한 밑거름이 되니 계속 앞으로 전진하기 바랍니다. 반드시 좋은 성과가 여러분을 기다리고 있을 것입니다. 경매가 아무리 힘들어도 회사에서 야근해서 받는 야근 수당보다 훨씬 많으니, 포기하지 말고 낙찰까지 가길 바랍니다.

▲ 산양그린빌의 이전 모습

▲ 산양그린빌의 이후 모습

1. 도어락 교체(10만 원)
2. 싱크대+신발장(170만 원)
3. 화장실 리모델링(160만 원)
4. 도배 및 장판(100만 원)
5. 조명 구매 및 설치(28만 원)
6. 이사 청소(28만 원)

총 비용: 496만 원

▲ **산양그린빌 교체에 들어간 총 비용**

재계약을 했던 세입자는 2년 더 살고 2020년 8월 10일(저의 생일날 이사 가서 아직도 기억에 남습니다)에 이사하였고, 약 500만 원을 들여 새롭게 내부에 인테리어 작업을 하였습니다. 저는 인테리어의 경우 들인 돈의 몇 배 이상으로 향후 매도나 임차를 줄 때 더 받을 수 있으므로 적극적으로 하는 편입니다. 인테리어에 관한 내용은 이후의 장에서 다룰 예정입니다.

저는 500만 원을 들여서 인테리어를 했는데 전세를 줄 때 당시 시세보다 약 2,000만 원을 더 받을 수 있었습니다(이래서 저는 인테리어를 '비용'으로 보기보단 '투자'로 봅니다. 가격을 '높게' 받을 수 있는 것뿐 아니라, 계약도 '빠르게' 되는 편입니다).

새로운 세입자를 전세로 1.75억 원에 들였으니, 2년 전 1.23억 원에 낙찰받아서 500만 원 들여서 수리했고, 2년간 받은 월세를 합치니 투자금이 5,000만 원 늘어나게 되었습니다(심지어 집을 매도한 것도 아닙니다. 소유권은 여전히 제가 가지고 있습니다).

이 5,000만 원은 현재 저의 부동산 11채, 자산가치 40억 원을 만드는데 큰 밑거름이 되었습니다.

▲ 산양그린빌 계약서

4장

규제 속에서
대출을 77% 받은 사례

 TIP 투기과열지구, 조정대상지역이 된다면?

투기과열지구나 청약과열지구 등 부동산 규제지역은 주택 가격의 안정을 위해 필요한 경우에 국토교통부 장관 또는 시·도지사가 지정합니다. 이 두 개를 묶어서 소위 '규제지역'으로 말하기도 합니다. 규제지역으로 지정되면 다양한 규제를 받습니다. 대표적으로는 담보대출 한도 축소 및 대출 실행 시 실거주 의무화, 양도세와 취득세 중과 등이 있습니다.

어느 지역이 규제지역인지 가장 쉽게 확인하려면 '호갱노노(https://hogangnono.com)'라는 사이트를 보는 게 가장 간편합니다. 우측에 '규제'를 누르면 지역 명칭으로도 표기할뿐더러, 전체 지도상에 색깔로도 표시하기에 간편하게 사용할 수 있습니다.

제가 낙찰받은 화곡동 빌라는 2018년 당시에는 규제가 없었기에 대출을 81%나 받을 수 있었지만, 2021년 8월 기준으로 서울 지역은 투기과열지구로 지정되어서 대출이 최대 50%밖에 나오지 않는 상황이었습니다(무주택자 기준).

▲ 낙찰받은 오피스텔

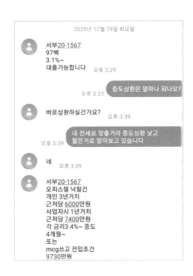

◀ 대출한도 안내

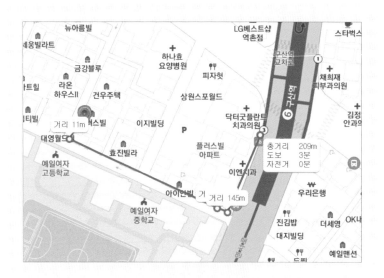

▲ 구산역 거리

▲ 구산빌라 외관

하지만 지난 12월에 수강생 한 분이 서울 은평구 구산동에 있는 오피스텔 하나를 낙찰받았습니다. 서울 6호선 구산역에서 도보로 3분 거리에 있는 단지이고, 전용 11평에 방 2개, 화장실 1개의 구조로 되어 있습니다. 외관 및 구조상으로 오피스텔보다는 빌라에 가깝습니다.

낙찰가는 1.25억 원이고 취·등록세는 오피스텔이라 4.6%라서 570만 원이며, 추가로 법무비 40만 원을 지출했습니다. 서울 지역임에도 건축물대장상에 오피스텔로 등재가 되어 있기에 대출이 77%나 나왔습니다. 만약 빌라였다면 그분은 다주택자였으므로 대출을 받지 못했을 겁니다.

 오피스텔이란?

오피스텔이란 상업용 시설인 오피스(office)와 주거용인 호텔(hotel)의 혼합 용어입니다. 많이들 오피스텔이 주거용인지 업무용인지 헷갈려하는데 둘 다 맞는 말입니다. 세입자가 **전입신고**를 하면 주거용 오피스텔이 되는 것이고, 사업자가 **사업자신고**를 하면 업무용 오피스텔이 되는 것입니다.

오피스텔은 법적으로 상업용 시설로 분류되기에 아파트나 빌라가 정부 정책에 의해 규제를 받으면 상대적으로 대출이나 세금 측면에서 유리해질 수 있으니 관심을 가질 필요가 있습니다. 특히, 요즘은 아예 주거 목적으로 아파트와 다르지 않은 구조(전용면적 84m², 3룸)로 짓는 오피스텔은 아파트와 가격이 별반 다르지 않습니다.

낙찰받기 전 살던 점유자는 3주 만에 이사를 갔고 새로운 반전세 세입자를 구했는데 전세가는 무려 1.6억 원, 월세 10만 원이었습니다.

낙찰을 받고 새로운 세입자를 구하는 기간(약 2개월)에도 전세가가 상승해서 바로 투자금을 회수하고도 약 3,000만 원 정도가 늘어나게 되었습니다. 전세보증금으로 대출을 모두 갚았으니 월세 10만 원은 덤이라고 볼 수 있겠죠.

저는 자본주의 사회에서 돈은 이렇게 투자를 통해 불려 나가야 한다고 생각합니다. 처음 낙찰받고 잔금을 낼 때는 목돈이 들어가기는 하지만, 세입자를 들이고 나니 투자금이 불어나면서 '소유권'을 가지는 투자는 부동산을 싸게 취득할 수 있는 경매가 유일하더군요. 부동산을 아무리 뒤져봐도 전세가가 매매가보다 비싸게 나온 물건은 절대 없습니다. 또한, 계약 만료가 되는 시점에 보증금은 다음 전세의 세입자를 구해서 돌려주면 됩니다. 즉, 집주인은 돈이 들어갈 일이 없습니다.

부동산 투자를 하지 않는 분은 다음과 같이 생각할 수도 있습니다. '전세보증금은 2년 뒤에 돌려줘야 할 돈인데 그게 돈을 벌었다고 할 수 있나요?' 맞는 말입니다. 하지만 집주인은 절대 전세보증금을 자기의 돈으로 돌려주지 않습니다. 다음 세입자를 구해서 2년 전 받았던 전세보증금을 내어줍니다. 여기서 중요한 점은 지금의 전세 시세가 2년 전과 같지 않다는 것입니다.

다음은 KB부동산에서 조사한 2006년 1월부터 2021년 6월까지 서울 아파트의 전세가 증가 폭을 나타낸 그래프입니다. 주변 아파트의 전세가가 오르는데, 아파트의 대체상품인 빌라의 전세가는 떨어질까요? 절대로 아닙니다. 또한, 세부적으로는 오름과 하락이 있겠지만, 장기적으로는 대부분 우상향하는 것을 볼 수 있습니다.

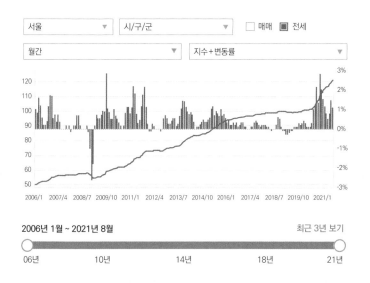

▲ 2006년부터 2021년까지의 전세가 변동 상황

출처: KB부동산

5장

한눈에 보는
경매 진행 과정

그럼 경매가 무엇인지부터 설명하겠습니다. 경매는 돈을 빌려주는 채권자와 돈을 갚아야 할 채무자 사이에서 시작됩니다. 돈을 빌려주는 사람은 돈을 빌리는 사람이 돈을 못 갚을 경우를 대비해서 특정 물건을 담보로 설정하고, 이 담보물을 경매에 넘김으로써 돈을 회수합니다. 이 과정에서 중재하는 국가기관 법원이 물건을 입찰하면 현금화를 해주는 경매 입찰자가 나타나게 됩니다.

즉, 경매에 입찰한다는 것은 국가 기관인 법원이 공식적으로 진행하는 법적 절차에 참여하는 것을 의미합니다. 간혹가다 수강생들이 경매에 입찰하기 위해 조사하는 것에 죄책감을 느끼고 자신 없어 하는 데 전혀 그럴 필요가 없습니다. 우리 같은 경매 입찰자가 있기 때문에 채권자와 채무자의 채무가 탕감되는 것이기에 자신 있고 당당하게 조사하면 됩니다. 그래야 공인중개사 분이나 이웃 주민이 정보를 알려주지, 쭈뼛쭈뼛 자신 없는 태도를 보이면 알려주고 싶어도 알려줄 마음이 생기지 않습니다.

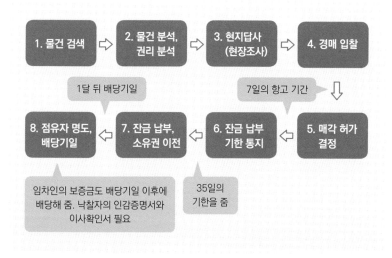

▲ 경매 과정 한 눈에 살펴보기

경매는 위와 같은 8단계 과정으로 진행됩니다. 그럼 지금부터 1~8 단계를 요약해서 설명하겠습니다. 이번 장에서는 이런 단계로 구성되어 있다는 큰 그림만 일단 이해하면 됩니다. 각 단계의 상세 내용은 이후에 장에서 설명하겠습니다.

첫 번째 단계는 '물건 검색'입니다. 경매로 어떤 물건이 나왔는지 살펴보는 단계입니다. 경매 검색은 경매 사이트에서 할 수 있으며, 유료 또는 무료 사이트가 있습니다. 여러분들의 소중한 '시간'을 아끼려면 무료보다는 유료 사이트를 보는 것을 추천합니다. 물건 검색은 다양한 조건으로 필터를 걸어서 할 수 있지만, 대표적으로 원하는 지역, 가격대, 물건 종류(아파트, 오피스텔, 빌라 등) 이 세 가지 조건을 걸어서 찾는 것이 일반적입니다.

두 번째 단계는 '물건/권리 분석'입니다. 잃지 않는 투자를 하기 위한 가장 중요한 단계라고 볼 수 있습니다. 해당 부동산을 통해 점유하는 거주자에게 돌려줘야 할 보증금이 있는지(권리 분석) 또는 점유자와 관련 없이 물건 자체에 문제가 있진 않은지를 살핍니다. 큰 하자가 없다면 이 단계에서 인터넷이나 전화 등으로 대략적인 입지와 시세를 파악합니다.

세 번째 단계는 '현장조사(임장)'입니다. 집에서 조사한 부동산의 시세와 건물의 하자 여부 등을 검증하는 단계입니다. 현장에 방문 후 점유자 및 이웃 주민과 만나서 사는 데 불편함은 없는지, 건물의 하자는 없는지 등의 정보를 공유합니다. 추가로 경매 물건지 인근을 돌아보면서 편의시설이나 유해시설 등을 살피고, 공인중개사에 방문하여 시세를 다시 한번 파악하고, 개발 계획에 대해 깊이 있는 이야기를 나눕니다.

네 번째 단계는 '경매 입찰'입니다. 1~3단계에서 조사한 내용을 토대로 원하는 가격으로 입찰에 참여합니다. 입찰은 매각기일(경매 진행 날짜)에 보증금(최저가의 10%)을 준비하여 관할 법정에 정해진 시간에 출석하여야 합니다. 그리고 본인이 매입하고자 하는 가격으로 입찰합니다.

이 가격을 너무 높게 쓰면 낙찰이 돼도 후회할 수 있고, 너무 낮게 쓰면 낙찰되기가 어려우니 적정 가격을 산정하는 것이 매우 중요합니다. 그러기 위해서는 앞선 1~3단계에서 가격 조사를 꼼꼼이 해야 합니다.

 입찰 날짜가 바뀌면 어떻게 해야 하죠?

입찰 날짜는 꽤 빈번하게 바뀔 수 있습니다. 대표적으로는 채무자가 빚을 갚아서 경매를 신청한 채권자가 취하를 신청하는 경우가 있습니다. 그 외에는 코로나19로 인한 집합 금지로 기일이 변경되거나 다양한 이유로 채권자가 기일 변경을 신청해서 입찰 날짜가 바뀔 수 있는 점은 항상 유념해야 합니다. 그렇기 때문에 입찰 전날까지 취하되거나 날짜가 변경되지 않았는지 확인해야 합니다. 간혹, 당일에 변경되는 것은 어쩔 수 없이 법정까지 가서 확인하는 수밖에 없습니다.

우리나라 교육은 정답을 찾는 것에 집중했기에 지금처럼 정해진 낙찰 금액이 있는 것이 아니라 본인이 직접 가격을 정하는 것에 많이들 어려움을 겪습니다. 그러나 여러분이 가격 조사를 잘했다면 수익의 등락은 있겠지만, 어떤 가격을 쓰건 큰 손해는 오지 않으리라고 생각합니다.

다섯 번째 단계는 '매각 허가 결정'입니다. 낙찰되었다고 바로 집의 소유주가 되는 게 아니라 잔금을 내야 비로소 집주인이 되는 것입니다. 보통 낙찰 후 1주일 뒤에 법원에서 매각 허가 결정이 나고, 다시 1주일 뒤에 잔금 납부 통지가 옵니다(낙찰 후 총 2주 소요). 이 잔금 납부 통지가 와야 비로소 잔금을 내고 집주인이 될 수 있습니다. 추가로 이 2주의 시간 동안 채무자가 빚을 갚으면 경매 절차가 취소될 수 있으니 긴장의 끈을 놓으면 안 됩니다.

여섯 번째 단계는 '잔금 납부 통지'입니다. 보통 잔금 납부일은 잔금 납부 통지일로부터 35일 전후의 시간을 줍니다. 낙찰받은 뒤부터 계속 좋은 조건의 대출을 알아보고 동시에 낙찰받은 물건지에 점유하는 사람이 있다면 이사 협의(명도)를 동시에 진행하게 됩니다.

일곱 번째 단계는 '잔금 납부 및 소유권 이전'입니다. 잔금을 납부하게 되면 비로소 등기부등본에 낙찰자의 이름이 들어가게 됩니다. 즉, 소유권을 얻게 되는 것이지요. 낙찰자에서 소유자로 변경되었기에 점유자에게 합당하게 명도를 요구할 권리가 있으며, 불응 시 강제집행을 실행할 수 있습니다.

여덟째는 명도/배당기일입니다. 명도라는 것은 앞에 설명한 것처럼 새로운 집주인과 계약관계가 없는 점유자를 이사시키는 것을 의미합니다. 배당기일은 보통 잔금을 납부한 날로부터 1달 뒤에 잡히며, 낙찰자가 법원에 납부한 낙찰금액에서 돈을 못 받고 있는 채권자들이 배당 순서에 의해 돈을 받는 것을 말합니다.

낙찰된 금액이 모두 소진되면 배당을 못 받는 채권자도 생길 수 있는데, 경매에선 배당받지 못한 채권자가 생겨도 끝까지 책임져주지 않고, 권리를 소멸시켜 버립니다. 이런 이유로 돈을 빌려주기 전에 등기부등본을 살펴봐서 담보 부동산에 여러 권리가 얽혀 있다면, 이렇게 돈을 못 받아도 구제할 방법이 없습니다.

▶ 요약 ➕ 정리 ◀

1. 부동산 투자에 필수적인 것은 투자 마인드, 3,000만 원, 부동산 경매 지식, 지속성 등입니다.

2. 부동산 경매를 지속하기 위해선 처음엔 쉬운 물건으로 하고 익숙해지면 점차 어려운 물건에 도전합니다.

3. 대출 규제만 없다면 무피, 1,000만 원으로도 투자가 가능한 것이 부동산 경매입니다.

4. 경매 프로세스의 8단계를 기억합시다(물건 검색, 물건/권리 분석, 현장조사, 경매 입찰, 매각 허가 결정, 잔금 납부 통지, 잔금 납부 및 소유권 이전, 명도/배당기일).

패찰이 계속된다면 입찰가를 높여보세요

많은 분들이 입찰가를 어떻게 정해야 하는지 질문을 합니다. 그럼 저는 "본인이 조사한 물건을 얼마에 매입하고 싶으신가요? 그 매입하고 싶은 가격을 입찰가로 쓰시면 됩니다."라고 하곤 합니다.

낙찰을 위해 입찰가를 무조건 높이 쓰는 것도 손실이 날 수 있기 때문에 문제이지만, 무조건 낮게만 입찰하는 것도 한 번 더 생각해볼 필요가 있습니다. 패찰이 반복되면 경매에 대한 회의감이 들기 때문이죠. 그렇다고 손해를 봐야 한다거나 일반 매매가로 낙찰을 받으라는 뜻은 아닙니다. 손해가 되지 않는 선에서 시세보다 싸게 받되, 욕심을 너무 부려 입찰 가격을 너무 낮게만 입찰하지 말라는 뜻입니다.

알다시피 경매는 1차적으로 물건 검색→권리 분석→조사→입찰까지의 과정이 있고, 2차로 낙찰→명도→인테리어→계약의 과정이 있습니다. 개인적으로는 1차보다는 2차의 과정이 중요하다고 생각하는데, 낙찰이 되지 않으면 1차만 계속 반복하는 겁니다. 그렇게 되면 시간과 에너지만 낭비하는 것 같고, 자연스레 경매에 대한 회의감이 듭니다.

낙찰되어야 비로소 2차 '투자자'의 단계로 넘어갔다고 할 수 있고, 이 단계를 거쳐야 임대인이나 투자자의 시각을 갖게 됩니다. 이 단계에서 배울 수 있는 부동산 경매의 경험이 인생 전반을 바꿀 수도 있기에, 싸게 받는 것에만 중점을 두지 말고 낙찰 이후에 배울 것의 가치를 보고 가격을 조금 높이 써서 낙찰받자는 것입니다. 낙찰을 통해 내가 경매의 전체 과정을 느껴보면 다음에는 더 좋은 물건을 좋은 가격으로 낙찰받겠다는 자신감 또한 생깁니다. 그렇게 자연스럽게 일반인에서 투자자로 변화해 가는 것입니다.

3부

부동산 경매의 첫 시작, 경매 사이트 살펴보기

1장

유료 및 무료 경매 사이트 목록

부동산 경매에 입찰하기 위해서는 부동산 경매 사이트를 이용해야 합니다. 예전 부모님 세대 때는 인터넷이 없어서 각종 서류를 관공서에서 직접 발급받아 서류를 들고 다니면서 경매물건에 관해 조사하곤 했다고 합니다. 하지만 인터넷이 발달한 지금은 웬만한 정보들은 다 인터넷에 있기 때문에 어떤 정보들을 인터넷으로 얻어야 하는지 차근차근 소개해 드리겠습니다.

우선, 경매로 어떤 물건들이 나와 있는지 보는 유·무료 경매 사이트에 관해 소개해 드리겠습니다. 저는 개인적으로 유료 사이트를 추천합니다. 유료이긴 하지만 그 값어치 이상의 자료가 있고 시간을 절약해주기 때문입니다.

　또한, 무료 사이트는 아무래도 '무료'이기에 정보의 퀄리티가 유료 사이트에 비해 떨어질 수밖에 없습니다. 해당 사이트를 이용해보면 알겠지만, 유료 사이트에 비해 불편한 점이 많습니다. 저도 고정지출에 민감한 편이지만, 경매로 돈을 벌면 그 금액은 유료 경매 사이트 이용권의 몇십 배 이상 벌 수 있기에 적극적으로 유료 사이트를 이용하고 있습니다.

1. 법원경매정보(https://www.courtauction.go.kr): 전면 무료

2. 네이버 부동산 경매(https://land.naver.com/auction): 월 3건 무료

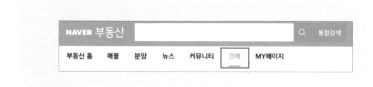

3. 행꿈사옥션(http://www.hksauction.com): 부분 무료

다양한 사이트가 있으며, 이 책에서는 스피드옥션을 기준으로 설명하겠습니다. 다음 장부터 스피드옥션에 대해 자세히 안내합니다.

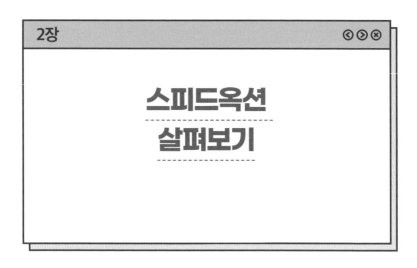

2장

스피드옥션 살펴보기

▲ 스피드옥션 메인 페이지

스피드옥션의 메인 페이지에 들어가면 위와 같은 화면을 볼 수 있습니다. 여러분이 원하는 지역, 가격대, 물건 종류로 조건을 걸어서 검색하고 싶다면 좌측 상단에 '경매검색'을 클릭하면 됩니다.

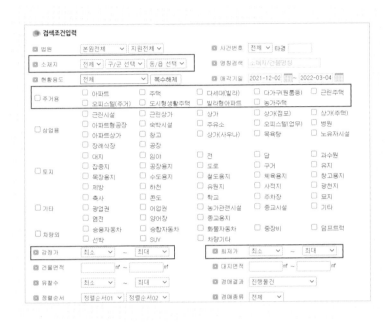

▲ 스피드옥션 조건 검색

경매검색을 누르면 위와 같은 화면을 볼 수 있습니다. 스피드옥션을 사용하는 대부분의 경매인이 이곳에서 자신이 원하는 물건을 찾고 있습니다. 제가 주로 사용하는 조건은 위에 빨간색으로 표시된 것으로 지역/물건종별/가격/유찰횟수로 나누어서 검색합니다.

예를 들어, 인천 소재지에 있는 감정가 1억 원 이하, 유찰 1회 이상의 다세대(빌라), 오피스텔을 보고 싶다면 위 그림의 빨간 부분과 같이 설정해서 검색하면 됩니다. 이 부분은 보는 분들이 관심 있는 지역/

물건 종류(아파트, 오피스텔, 빌라 등)/자본여건에 따라서 편의에 맞게 사용하면 됩니다.

물건 검색을 한 뒤 괜찮아 보이는 물건을 클릭하면 다음과 같은 창이 뜹니다(다음 페이지의 파라비아빌딩은 직접 제가 찾은 예시입니다).

▲ 스피드옥션에서 지도 검색하기 1

▲ 스피드옥션에서 지도 검색하기 2

▲ 파라디아빌딩 1

해당 물건은 인천시 남동구 구월동에 있는 파라디아빌딩이라는 오피스텔입니다. 권리 분석은 뒤에서 설명하겠지만, 문제가 없었고 가격대도 비교적 저렴해서 소액으로 입찰할 수 있는 물건이었습니다.

전용면적이 4.87평으로 원룸 구조라는 것을 알 수 있고, 최초 감정가 100%(9,000만 원)에 2020년 2월 25일에 경매가 진행됐지만, 아무도 입찰하지 않아 유찰되었습니다. 참고로 2월 25일에 입찰하려면 9,000만 원 이상을 써야 하는데, 아무도 입찰하지 않은 것을 보면 최저가 9,000만 원이 아직은 메리트가 없을 확률이 높습니다.

다음 입찰기일은 3월 30일에 최저가가 30% 낮아진 가격(6,300만 원)으로 진행되었습니다. 이때 입찰을 하려면 최저가의 10% 이상의 보증금(630만 원 이상의 수표 제출)을 가지고 6,300만 원 이상의 입찰가격으로 입찰하면 됩니다. 6,300만 원 미만으로 쓰면 무효 처리됩니다.

그 외에 추가로 확인할 사항은 내/외부 사진, 점유자의 임차 조건 외에 보존등기일(건축년도)이 2014년 3월 21일로 비교적 신축이라는 것입니다.

임차인현황 · 건물소멸기준 : 2014-04-15	배당종기일 : 2019-05-31			매각물건명세서 예상배당표
순위	성립일자	권리자	권리종류(점유부분)	보증금금액	신고 대항	참조용 예상배당여부 (최저가기준)
1	전입 2014-04-17 확정 2014-04-17 배당 2019-05-17	신○	주거임차인 전부	[보] 30,000,000원 [월] 200,000원	○ 없음	

▲ **파라디아빌딩 임차인 현황**

임차인 현황으로는 신○○ 님이 2014년 4월 17일 전입으로 보증금 3,000만 원, 월세 20만 원에 거주하고 있습니다. 신○○ 님의 보증금 3,000만 원 중 최우선변제금액에 해당하는 2,700만 원만 법원에서 돌려받을 수 있고 나머지 300만 원은 받지 못합니다(안타깝지만 애초에 계약할 때 대출이 껴 있는 집인데도 우선 배당받을 수 있는 최우선변제금액 한도 이상으로 보증금을 건 것은 본인의 과실이라 할 수 있습니다).

▲ 파라디아빌딩 2

사진 부분을 클릭하면 건물 외관, 구조 등을 확인할 수 있으며, 우측 상단에서 이 부동산에 관련된 서류들을 모두 무료로 열람할 수 있습니다(등기부등본, 건축물대장, 현황 조사서, 매각물건명세서 등).

특히, 시세 조사 시 씨리얼(물건지 실거래가)에서 해당 건물의 경매 낙찰 사례를 볼 수 있을뿐더러, 입찰경쟁률(몇 명이 입찰했는지), 감정가 대비 낙찰가율(감정가 대비 몇 %의 가격을 썼는지)은 '해당 번지 사례'를 통해서 알 수 있습니다. 이 오피스텔에 관해서는 다음에 좀 더 자세히 다루겠습니다.

3장

경매 사이트에서
주의 깊게 봐야 하는 것

이번 장에서는 스피드옥션을 기준으로 경매 물건의 어떤 부분을 집중해서 보아야 하는지 설명하겠습니다. 다음 페이지의 그림을 보 겠습니다.

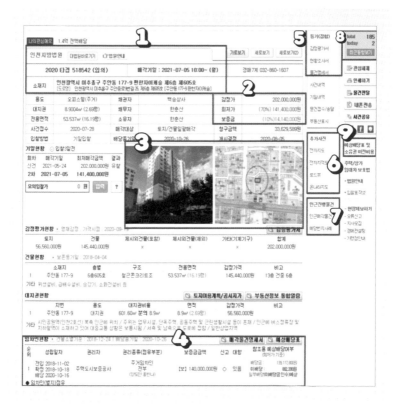

▲ 스피드옥션에서 주의해서 볼 요소

1. **입찰 장소**: 인천지방법원/매각기일(입찰 날짜 및 시간): 2021년 7

   월 5일(2차) 오전 10시~/사건 번호: 2020타경518542/소재지

   (주소): 인천시 미추홀구 주안동 177-9 편한자이캐슬 605호

1번에는 입찰할 때 필요한 기본적인 물건에 대한 정보(시간, 날짜, 사
건번호)가 담겨있습니다.

2. **감정가/최저가/보증금**: 경매로 경매물건이 넘어오면 감정평가 사들이 해당 물건에 대한 감정평가를 합니다(6번 항목에 '감정평가서' 열람 가능). 감정가는 대출의 기준이 되기 때문에 대출 부분에서 상당히 중요하다고 할 수 있습니다.

최저가의 의미는 입찰할 때 이 최저 가격 이상의 가격으로 적어서 입찰해야 한다는 의미입니다. 입찰자가 없다면 최저가는 70~80%(지역마다 다름)로 내려가게 됩니다. 또한, 입찰할 때 필요한 보증금이 최저가의 10%(미납 사건의 경우 입찰보증금이 미납 횟수에 따라 최저가의 20%, 30%로 올라갑니다)이기 때문에 준비할 보증금이 얼마인지도 잘 살펴보아야 합니다.

3. **내·외관 사진 및 지도**: 81페이지 그림에서 중간의 건물 외관 사진을 클릭하면 내/외부 사진 및 지도, 배치도 등을 같이 열람할 수 있습니다.

4. **임차인현황**: 권리 분석에서 가장 중요한 임차인의 대항력 여부 및 보증금/월세 금액/배당금액을 확인할 수 있습니다. 다음 부에서 자세히 설명하겠습니다.

5. **등기(집합)**: 해당 부동산에 얽혀 있는 권리관계를 서술해 놓은 것입니다. 임차인 입장에서는 보증금을 보호받기 위해서 반드시 볼줄 알아야 합니다.

감정평가서: 경매로 물건이 나오게 되면 감정평가사들이 물건에 대해 감정평가를 하는데, 어떤 근거로 감정평가를 했는지 나와 있는 자료입니다. 대출 가능 금액의 기준이 되기에 감정가는 중요하다고 할 수 있습니다.

현황조사서: 매각물건명세서와 함께 입찰예정자가 응찰에 앞서 반드시 열람해야 할 법원의 또 다른 경매 기록 중 하나로, 법원 소속 집행관이 직접 현장을 방문해 조사한 내용을 기재하고 있습니다. 임대차 관계, 점유 관계, 부동산 현황 등 3가지 내용이 표기되어 있습니다.

물건명세서: 매각물건명세서는 법원에서 부동산의 표시, 부동산의 점유자와 점유의 권원, 점유할 수 있는 기간, 차임 또는 보증금에 관한 관계인의 진술 및 권리 관계에 대해 표시한 서류입니다.

6. **추가사진**: 조사관이 경매 물건을 촬영한 추가 사진을 볼 수 있습니다. 주로 외부 촬영이 되어 있고, 간혹 점유자가 허락했을 때 내부가 촬영된 경우도 있습니다.

전자지도: 네이버나 카카오 맵과 같이 해당 물건지의 위치 및 주변 인프라를 확인할 수 있는 지도입니다.

전자지적도: 주변 환경보다는 땅(토지)의 용도 위주로 나와 있는 지도입니다.

로드뷰: 촬영 장비가 있는 차량으로 촬영한 도로의 모습을 360도로 돌려가며 주변 환경을 볼 수 있습니다.

온나라지도(씨리얼): 한국토지공사에서 운영하는 사이트로 해당 주소지의 실제 거래 가격 및 건물에 대한 정보를 확인할 수 있는 사이트입니다.

7. **인근진행물건**: 경매 물건과 인접한 지역과 같은 물건종별(빌라/아파트/오피스텔)의 현재 진행 중인 경매 사건을 볼 수 있습니다.

인근매각물건: 경매 물건과 인접한 지역과 같은 물건종별(빌라/아파트/오피스텔)의 과거 경매 낙찰 사례를 볼 수 있습니다. 이를 통해 해당 지역의 경쟁률, 입찰 가격 등을 유추해볼 수 있습니다.

해당번지사례: 같은 건물에 있었던 과거 경매 낙찰 사례를 확인할 수 있습니다. 이를 통해 해당 경매 물건지의 경쟁률, 입찰 가격 등을 유추해볼 수 있습니다.

8. **조회 수 동향**: 최근 2주간의 조회 수 동향을 확인할 수 있습니다. 입찰 날짜가 다가올수록 높아지는 경향을 보이며, 아무래도 조회 수가 높을수록 경쟁률도 높은 경향이 있습니다.

9. **예상배당표 및 소유권 이전비용**: 낙찰 가격에 따른 채권자의 배당금액을 확인할 수 있습니다. 특히, 대항력 있는 임차인이 거주할 경우, 얼마에 낙찰됐을 때 얼마만큼 배당이 덜 되는지 확인하고 입찰금액을 얼마나 적어야 다 배당받을 수 있는지 입찰금액을 입력해볼 수 있습니다.

▶ 요약 ⊕ 정리 ◀

1. 부동산 유·무료 경매 사이트로는 스피드옥션, 행꿈사옥션, 한국법원경매정보, 네이버 부동산 등 많은 사이트가 있습니다. 기본적인 내용은 동일하기에 본인에게 맞는 사이트를 정해서 이용하면 됩니다.

2. 대표적인 유료 경매 사이트인 스피드옥션의 사용 방법을 익히기를 추천합니다.

3. 경매 사이트를 통해 반드시 얻어야 할 정보를 얻어야 잃지 않는 투자를 할 수 있습니다. 반대로 얘기하면 서류를 제대로 보지 않으면 투자금을 잃을 수 있습니다.

경매 사이트를 맹신하지 마세요

경매 사이트는 입찰자로 하여금 경매의 편리성을 제공하는 곳일 뿐, 그 이상도 이하도 아닙니다. 경매 사이트는 잘못 기재된 정보로 인해 손실이 발생해도 절대로 법적 책임을 지지 않습니다. 이 말은 즉, 기본적으로 권리 분석이나 투자 물건에 대한 가치 평가는 스스로 할 줄 알아야 한다는 것입니다.

우선, 분석할 때 본인이 스스로 공부한 것을 바탕으로 유료 사이트의 정보와 비교해 보기 바랍니다. 그 후에도 그 정보가 맞는지 확인이 필요하다면 한 개의 유료사이트가 아닌 다른 경매 사이트에서 해당 사건번호로 검색하여 다른 부동산 전문가들이 분석한 리포트를 참고하면 도움이 될 것입니다.

이 모든 게 번거롭고 불안하다면 맘 편하게 특수물건 및 대항력 있는 임차인 거주는 제외하고 입찰하면 안전합니다.

4부

잃지 않는 투자를 위한 권리 분석

1장

권리 분석의 시작점, 등기부등본 보는 법

등기부등본은 해당 부동산의 모든 역사가 담겨 있는 서류라고 할 수 있습니다. 전·월세나 매매계약을 할 때 반드시 등기부등본을 확인해야 하는데, 임차인이라면 이 등기부등본 안에서 나의 보증금을 지킬 수 있는지와 얽혀 있는 이해관계를 봐야 합니다. 임차인과 반대 입장인 경매 입찰자는 물어줘야 할 돈이 있는지, 인수되는 권리가 있는지 알 수 있는 중요한 자료입니다.

모든 부동산에는 각각의 등기부등본이 있습니다. 건물에는 건물 등기부, 토지는 토지등기부, 건물과 토지를 같이 소유해야 하는 단독주택은 토지와 건물 두 개의 등기부가 각각 존재합니다. 반면, 아파

트, 빌라, 오피스텔 같은 집합건물은 하나의 건물 위에 호실별로 소유
주가 토지를 나눠 갖기에 토지의 지분만을 소유합니다.

등기부등본 발급 방법

누구나 인터넷에서 수수료만 내면 발급할 수 있습니다. 인터넷 등
기소 접속 → 등기열람/발급 → 주소 입력 후 '다음' → 로그인 후 결
제 → 등기부등본 확인(1시간 내)

등기부등본의 구성

1. 표제부

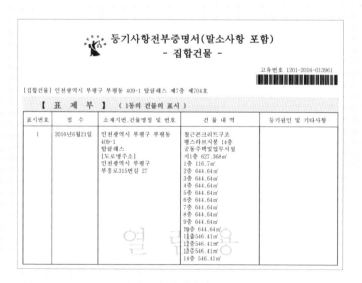

▲ 등기부등본 표제부

집의 주소, 면적, 구조 등 건물의 전체적인 내용이 나옵니다. 첫 번째 표제부는 1동 건물을 표시한 것입니다. 소재지와 층별 면적이 표기되어 있습니다.

2. 갑구

【 갑 구 】		(소유권에 관한 사항)		
순위번호	등 기 목 적	접 수	등 기 원 인	권리자 및 기타사항
1	소유권보존	2016년6월21일 제176458호		공유자 지분 2분의 1 *-******* 인천광역시 남구 토금남로 55.9동503호 (용현동,한양아파트) 지분 2분의 1 *-******* 인천광역시 남동구 용천로176번길 5.701호 (간석동,리젠시아)
2	공유자전원지분전부 이전	2016년8월1일 제248667호	2016년4월18일 매매	소유자 *-******* 경기도 부천시 부천로410번길 3. 1동 502호(대동, 그랜드타운)
3	압류	2018년3월23일 제107424호	2018년3월23일 압류(개인납세)	권리자 국 처분청 북인천세무서

▲ 등기부등본 갑구

갑구에는 소유권에 관련된 내용이 나옵니다. 이 부동산이 누구의 소유에서 누구한테로 언제 소유권이 이전되었는지 알 수 있습니다. 위의 그림에서 보는 것처럼 이름, 주민등록번호 앞자리, 주소까지 확인할 수 있습니다.

위의 갑구 순위번호 3을 보면 소유주가 2018년 3월 23일에 세금을 제대로 납부하지 않아 북인천세무서로부터 압류당한 것을 확인할 수 있습니다. 이후 이 세금을 납부하여 소멸한 것을 확인할 수 있습니다

(참고로 빨간색으로 그어진 것은 해당 권리가 소멸되었다는 뜻입니다).

3. 을구

을구에는 소유권 이외에 권리에 대한 내용이 기재됩니다. 대표적으로 집을 담보로 대출을 받으면 을구에 기재됩니다. 경매가 아닌 일반 매매를 하게 되면 을구에 살아있는 권리는 새로운 집주인에게 그대로 넘어가게 됩니다. 보통 이런 살아있는 권리들이 많이 얽혀 있는 집은 거래가 잘 안 되겠지요. 그러니 집을 거래할 때는 항상 등기부등본이 깨끗한지 살펴봐야 합니다.

하지만 경매는 말소 기준이 되는 권리와 그것보다 빠른 권리를 제외하고는 모두 지워준다는 장점이 있습니다. 법원 직할 권한으로 권리들을 정리해주는 거죠. 그래야 채무자가 경매라는 절차로 인해 빚을 청산할 수 있기 때문입니다.

[집합건물] 인천광역시 부평구 부평동 409-1 탑블래스 제7층 제704호				
【 을 구 】 （ 소유권 이외의 권리에 관한 사항 ）				
순위번호	등 기 목 적	접 수	등 기 원 인	권리자 및 기타사항
1	근저당권설정	2016년8월1일 제248668호	2016년8월1일 설정계약	채권최고액 금150,000,000원 채무자 경기도 부천시 부천로410번길 3. 1동 502호(내동, 그랜드타운) 근저당권자 한국양봉농업협동조합 114936-0000315 서울특별시 중구 신당동 370-61 (금융사업부)
-- 이 하 여 백 --				
관할등기소 인천지방법원 등기국				

▲ 등기부등본 을구

옆 페이지 그림의 부동산 올구를 살펴보면 집주인이 2016년 8월 1일에 농협으로부터 담보대출을 받은 것으로 보입니다.

마지막으로 빨간색으로 지워진 권리를 제외하고 열람 시점에 살아있는 권리만 보고 싶다면 마지막 페이지에 있는 '주요 등기사항 요약'을 보면 됩니다.

주요 등기사항 요약 (참고용)

[주 의 사 항]

본 주요 등기사항 요약은 증명서상에 말소되지 않은 사항을 간략히 요약한 것으로 증명서로서의 기능을 제공하지 않습니다.
실제 권리사항 파악을 위해서는 발급된 증명서를 필히 확인하시기 바랍니다.

[집합건물] 인천광역시 부평구 부평동 409-1 탑블래스 제7층 제704호

고유번호 1201-2016-013961

1. 소유지분현황 (갑구)

등기명의인	(주민)등록번호	최종지분	주 소	순위번호
이영희 (소유자)	770303-*******	단독소유	경기도 부천시 부천로410번길 3, 1동 502호(내동, 그랜드타운)	2

2. 소유지분을 제외한 소유권에 관한 사항 (갑구)

순위번호	등기목적	접수정보	주요등기사항	대상소유자
7	가압류	2019년5월27일 제186776호	청구금액 금38,110,073 원 채권자 오케이캐피탈 주식회사	이영희
9	압류	2019년12월6일 제480231호	권리자 국민건강보험공단	이영희
11	임의경매개시결정	2020년10월13일 제445559호	채권자 한국양봉농업협동조합	이영희

3. (근)저당권 및 전세권 등 (을구)

순위번호	등기목적	접수정보	주요등기사항	대상소유자
1	근저당권설정	2016년8월1일 제248668호	채권최고액 금150,000,000원 근저당권자 한국양봉농업협동조합	이영희

[참 고 사 항]

가. 등기기록에서 유효한 지분을 가진 소유자 혹은 공유자 현황을 가나다 순으로 표시합니다.
나. 최종지분은 등기명의인이 가진 최종지분이며, 2개 이상의 순위번호에 지분을 가진 경우 그 지분을 합산하였습니다.
다. 지분이 통분되어 공시된 경우는 전체의 지분을 통분하여 공시한 것입니다.
라. 대상소유자가 명확하지 않은 경우 '확인불가'로 표시될 수 있습니다. 정확한 권리사항은 등기사항증명서를 확인하시기 바랍니다.

▲ 주요 등기사항 요약

2장

전입/확정일자 신고를 해야 하는 이유

여러분 중에는 월세든 전세든 보증금을 걸고 임차해서 사는 분이 있을 겁니다. 세입자는 집주인에게 보증금을 납부하면 바로 동사무소에 가서 전입신고를 하고 확정일자를 받아야 합니다. 왜일까요? 집이 경매로 넘어갔을 때 나의 보증금을 지키기 위해서입니다.

부동산이 경매로 넘어오게 되면 등기부상 날짜가 가장 빠른 소멸기준이 되는 권리 빼고는 다 말소(소멸)시켜 줍니다. 세입자 입장에서는 이 소멸 기준이 되는 권리 날짜보다 빠르게 전입을 해야 대항력을 갖추어 법원이 돌려주지 못한 보증금을 낙찰자에게 요구하여 보증금을 안전하게 보호받을 수 있습니다.

즉, 전입신고는 해당 부동산에 내가 전입한 사실을 국가기관에 알리는 것이고, 대항력을 갖추기 위한 권리 신고인 것입니다(전입신고 자체는 배당 순서와는 무관합니다).

예를 들어, 소멸기준보다 빠르게 전입신고만 해놓고, 다음에 설명할 확정일자를 안 받으면, 대항력은 있지만 법원에서 배당받을 번호표는 없는 것입니다. 당연히 대항력이 있으니 법원에서 배당을 못 받더라도, 경매로 낙찰받은 사람에게 돌려받을 권리가 있습니다.

만약 전입신고를 했지만, 소멸기준보다 날짜가 늦어서 대항력도 없고, 확정일자도 없다면 어떻게 될까요? 이 부분은 보증금액이 최우선변제금을 받을 조건(조건은 104페이지 최우선변제권 기준표 참고)에 해당한다면 받을 수 있고, 이마저도 해당하지 않는다면 보증금을 전혀 받지 못합니다.

확정일자는 배당받는 번호표라고 생각하면 됩니다. 사는 집이 경매로 넘어갔을 때, 내가 동사무소에 신고했던 확정일자가 배당을 받을 수 있는 순서표가 됩니다(당연히 날짜가 빠른 권리부터 순차적으로 배당해줍니다).

전입신고 및 확정일자의 신고 방법은 주민센터에 방문해서 비치된 전입신고서를 작성한 후 제출하면 됩니다. 정부민원포털(민원24)을 통한 인터넷 신고도 가능하나, 확정일자를 받으려면 직접 방문하거나 법원 온라인 등기소에서 온라인 확정일자를 신청해야 합니다.

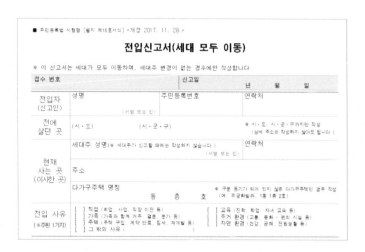

▲ 전입세대 신고서

　세입자라면 본인의 보증금을 지키기 위해서는 최대한 빠른 일자에 전입신고 및 확정일자를 받아두는 것이 좋습니다. 전입을 늦게 했다가, 집주인이 나쁜 마음을 먹고 그사이에 대출을 받아 버린다면 후순위로 밀리게 되고, 경매로 넘어가면 보증금을 잃게 될 수 있습니다. 전입신고하는 날 반드시 등기부등본을 살펴서 몰랐던 권리가 생기지 않았나 살핀 뒤에 전입신고하길 바랍니다. 보통은 입주하는 날 공인중개사와 다시 한번 등기부등본을 함께 확인하게 되는데, 이날 반드시 전입신고 및 확정일자를 받길 바랍니다.

3장

잃지 않는 투자를 위한
대항력 여부 판단

당해세, 경매실행비용, 세금 등에 따라
배당금액 감소 가능 → 인수금액 증가 가능성

| 대항력 있는 임차인 | ↑ 인수 | 전입일 빠르면 | '최초' 설정 권리일자 (소멸 기준) | = | • 근저당 • 가압류 • 담보가 등기 • 전세권 • 경매기입 등기 |
| 보증금 낙찰자가 인수하지 않거나 또는 전 소유주 | ↓ 말소 | 전입일 늦으면 | | | |

▲ 대항력 판단의 기준

경매에 입찰하는 사람은 '등기부등본을 보고 이 물건을 낙찰받았을 때 내가 물어줘야 할 돈이 있는지'를 따져봐야 합니다. 그것을 권리 분석이라고 합니다.

부동산이 경매로 넘어오게 되면 등기부상에 소멸 기준에 해당되는 5개의 권리가 있습니다(근저당/가압류/담보가등기/전세권/경매기입등기). 이 중에 적어도 1개의 권리가 있기에 경매로 넘어오게 된 것입니다. 법원에서는 이 권리 중 날짜가 가장 빠른 권리 1개 외에는 모두 말소시켜줍니다. 등기부를 깨끗이 정리해주는 것이죠. 그렇기에 후순위에 있는 채권자는 돈을 받지 못해도 어쩔 수 없습니다(그렇기에 집을 담보로 돈 거래를 할 때는 더 이른 날짜에 담보 설정된 권리가 많은지 등기부등본을 잘 살펴봐야 합니다).

임차인의 대항력은 전입 날짜와 5개의 권리 중 가장 빠른 권리의 날짜와 비교해서 전입 날짜가 빠르면 대항력이 있는 임차인, 늦으면 대항력이 없는 임차인으로 분류됩니다. 경매입찰자 입장에서 대항력 있는 임차인이 법원에서 배당(돈)을 다 못 받으면 낙찰자가 물어줘야 하기에 리스크가 있는 것이죠.

또한, 이 배당금액은 당해세/경매실행비용/세금에 따라 변동될 수 있다는 리스크가 있습니다. 우선 배당될 줄 알았던 임차인의 보증금보다 당해세/경매실행비용/세금이 먼저 배당을 받아가 상대적으로 임차인의 배당금액이 줄면서 낙찰자에게 인수되는 금액이 커지기 때문이죠. 문제는 이 중에서 당해세나 세금은 정확한 금액을 알기 어렵다는 것입니다.

참고로 법원은 임차인이 전입신고, 확정일자, 배당신청(배당기일 전에) 세 가지를 모두 해야 배당해줍니다. 한 개라도 빠지면 배당을 해주지 않습니다. 반대로 임차인 입장에서 보증금을 지키기 위해선 등기부를 확인하여 말소 기준이 되는 권리가 없는지 확인한 후 최대한 빨리 전입신고를 해서 대항력을 유지해야 합니다.

경매입찰자 입장으로는 세입자의 전입 날짜와 말소기준 권리 날짜만 비교해보면 위험한 물건인지를 판별할 수 있습니다. 그렇다면 스피드옥션에서 제공하는 경매물건을 예시로 살펴보겠습니다(스피드옥션에서는 기본적으로 권리 분석을 다음과 같이 제공합니다).

▲ 대항력 있는 사례

앞 페이지 그림의 가장 우측의 등기사항을 보면 소멸 기준이 되는 권리 중 가장 빠른 것이 롯ㅇㅇㅇ의 근저당입니다(2017년 10월 24일). 세입자의 전입 날짜를 보니 2016년 11월 8일입니다. 세입자의 전입 날짜가 더 빠르죠? 그래서 대항력이 있는 것입니다. 낙찰금액에 따라 다르겠지만, 세입자의 보증금 113,000,000원 중 법원에서 못 받는 미배당 금액이 생기면 전액을 낙찰자가 물어주어야 합니다.

추가로, 대항력 있는 임차인이 거주할 경우 배당이 얼마나 될지(확정일자가 배당받는 순서의 기준이 됩니다), 임차인이 배당종기일(배당 신청하는 마감기일. 아래 물건은 2019년 9월 23일) 전에 배당 신청을 잘 했는지 확인하여야 합니다. 하루만 늦게 신청해도 법원에서는 단 1원도 배당해 주지 않습니다.

다음은 대항력이 없는 임차인의 사례입니다. 근저당 날짜는 2018년 11월 15일이고 임차인이 전입한 날짜는 2019년 5월 10일입니다. 전입 날짜가 더 늦기에 대항력이 성립되지 않습니다. 이를 '후순위 세입자'라고도 합니다. 돈을 다 받든 받지 못하든 낙찰자가 물어줄 금액은 없습니다.

참고로 손ㅇㅇ 님은 그럼에도 보증금액이 최우선변제금 한도 내에 있기에 먼저 배당받게 됩니다. 최대 우선배당금액은 낙찰가의 1/2 금액으로 즉, 2,500만 원을 모두 배당받기 위한 최소 낙찰금액은 5,000만 원입니다. 최우선변제금에 대해선 다음 장에서 자세히 설명하겠습니다.

임차인현황	▸ 건물소멸기준 : 2018-11-15	배당종기일 : 2019-09-23			매각물건명세서 예상배당표

순위	성립일자	권리자	권리종류(점유부분)	보증금금액	신고	대항	참조용 예상배당여부 (최저가 기준)
1	전입 2019-05-10 확정 2019-05-10 배당 2019-08-09	손O	주거임차인 전부	【보】 25,000,000원	O	없음	

● 임차인(별지)점유

본건 조사서의 조사내용은 현장방문과 임차인의 진술, 주민등록등본 및 전입세대열람에 의한 조사사항임

건물 등기 사항	▸ 건물열람일 : 2019-07-26					등기사항증명서

구분	성립일자	권리종류	권리자	권리금액	상태	비고
갑7	2008-03-31	소유권	강O	(거래가) 92,000,000원	이전	매매
갑8	2018-11-15	소유권	장O	(거래가) 102,000,000원	이전	매매
을6	2018-11-15	(근)저당	농0000	81,600,000원	소멸기준	(주택) 소액배당 10000 이하 3400 (상가) 소액배당 5500 이하 1900
갑9	2019-07-17	임의경매	인0000	청구: 67,510,200원	소멸	

▲ 대항력 없는 사례

아래와 같이 채무자(전 소유주)가 거주할 경우에는 근저당 날짜와
상관없이 낙찰자가 인수할 금액은 없습니다. 채무자 본인이 채무를
다하지 않아서 부동산이 경매로 넘어온 것이기 때문이죠.

임차인현황		채무자(소유자)점유			매각물건명세서 예상배당표

건물 등기 사항	▸ 건물열람일 : 2019-08-05					등기사항증명서

구분	성립일자	권리종류	권리자	권리금액	상태	비고
갑3	2004-05-07	소유권	송O		이전	매매
갑4	2011-12-22	소유권	이O	(거래가) 270,000,000원	이전	매매
을1	2011-12-22	(근)저당	한0000	252,000,000원	소멸기준	(주택) 소액배당 8500 이하 2700 (상가) 소액배당 4500 이하 1350
갑5	2019-02-11	압류	국0000		소멸	
갑6	2019-04-17	가압류	인0000	8,840,000원	소멸	(개인납세1과-E117가)
갑7	2019-05-13	가압류	신O	15,844,674원	소멸	
갑8	2019-07-05	가압류	농OO	36,760,419원	소멸	
갑9	2019-07-11	압류	국0000		소멸	(개인납세1과-E06530)
갑10	2019-07-26	임의경매	한0000	청구: 189,257,783원	소멸	

▲ 채무자 점유

다만 집을 잃는 분이라 명도 시에 어느 정도 저항이 있을 수 있습니다만, 결국 본인이 이사 가야 하는 것을 알고 있기에 크게 걱정할 것은 없습니다. 만약, 정말 점유자가 이사 가지 않고 버티면 법원에서 강제집행으로 점유자가 나갈 수 있도록 해줍니다.

한 가지 예외가 있을 수 있는데, 등기부를 확인했을 때 소멸기준 밑에 가처분/예고등기가 쓰여 있으면 이 권리는 낙찰자에게 인수될 수 있기에 이런 물건은 거르는 것을 권장합니다.

저는 도입부에도 얘기한 것처럼, 처음 입찰하는 분이라면 되도록 대항력 없는 임차인 또는 채무자가 거주하는 물건에 집중하라고 말씀드립니다. 대항력 있는 임차인이 거주할 경우, 다양한 외부 요인에 의해 배당금액이 줄어 예상치 못하게 물어줘야 할 돈이 커질 수 있기 때문입니다.

4장

임차인을 위한
최우선변제금이란?

최우선변제금이란 일정 조건을 충족하는 한도 내에 있는 임차인의 보증금이 경매로 넘어왔을 때 국가 차원에서 우선적으로 배당해 주는 것을 의미합니다. 부동산이 경매로 넘어오게 되면 살던 세입자는 이사를 가야 할 텐데 보증금을 못 받게 되면 다음 이사 갈 집을 알아볼 때 문제가 될 것입니다. 그래서 소액의 보증금을 걸고 사는 임차인이 다음 집의 보증금을 걸 수 있도록 우선적으로 배당하여 배려하는 것입니다.

이것을 충족하기 위한 세 가지 조건은 일정한도금액, 전입신고, 배당 요구입니다. 이 중 하나라도 빠지면 배당받을 수 없습니다. 일정 금액에 해당하는 배당금액은 다음과 같습니다(주기적으로 금액이 바뀌니 항상 체크하도록 합시다).

담보 물건 설정일	지역	소액 보증금액의 범위	최우선변제금액
1984.1.1~ (시행)	서울특별시	300만 원 이하	300만 원
	수도권(과밀억제권역)	200만 원 이하	200만 원
1987.12.1~ (1차 개정)	서울특별시	500만 원 이하	500만 원
	수도권(과밀억제권역)	400만 원 이하	400만 원
1990.2.19~ (2차 개정)	서울특별시	2,000만 원 이하	700만 원
	수도권(과밀억제권역)	1,500만 원 이하	500만 원
1995.10.19~ (3차 개정)	서울특별시	3,000만 원 이하	1,200만 원
	수도권(과밀억제권역)	2,000만 원 이하	800만 원
2001.9.15~ (4차 개정)	서울특별시	4,000만 원 이하	1,600만 원
	수도권(과밀억제권역)	4,000만 원 이하	1,600만 원
	광역시	3,500만 원 이하	1,400만 원
	기타 지역	3,000만 원 이하	1,200만 원
2008.8.21~ (5차 개정)	서울특별시	6,000만 원 이하	2,000만 원
	수도권(과밀억제권역)	6,000만 원 이하	2,000만 원
	광역시	5,000만 원 이하	1,700만 원
	그 밖의 지역	4,000만 원 이하	1,400만 원
2010.7.26~ (6차 개정)	서울특별시	7,500만 원 이하	2,500만 원
	수도권(과밀억제권역)	6,500만 원 이하	2,200만 원
	광역시(인천, 군 지역 제외). 안산, 용인, 김포, 경기도 광주시	5,500만 원 이하	1,900만 원
	그 밖의 지역	4,000만 원 이하	1,400만 원
2014.1.1~ (7차 개정)	서울특별시	9,500만 원 이하	3,200만 원
	수도권(과밀억제권역)	8,000만 원 이하	2,700만 원
	광역시(인천, 군 지역 제외). 안산, 용인, 김포, 경기도 광주시	6,000만 원 이하	2,000만 원
	그 밖의 지역	4,500만 원 이하	1,500만 원
2016.3.31~ (8차 개정)	서울특별시	1억 원 이하	3,400만 원
	수도권(과밀억제권역)	8,000만 원 이하	2,700만 원
	광역시(인천, 군 지역 제외). 안산, 용인, 김포, 경기도 광주시	6,000만 원 이하	2,000만 원
	세종시	6,000만 원 이하	2,000만 원
	그 외의 지역	5,000만 원 이하	1,700만 원
2018.9.18~ (9차 개정)	서울특별시	1억 1,000만 원 이하	3,700만 원
	수도권(과밀억제권역) 용인, 세종, 화성 포함	1억 원 이하	3,400만 원
	광역시(인천, 군 지역 제외). 안산, 김포, 경기도 광주, 파주	6,000만 원 이하	2,000만 원
	그 외의 지역	5,000만 원 이하	1.7000만 원

▲ **최우선변제권 기준표**

(출처: https://url.kr/9y73bc)

　가장 좌측의 기간은 세입자의 전입 날짜가 아닌 소멸기준의 날짜를 의미합니다. 지역은 부동산이 속한 지역을 의미하며, 계약금액은 최우선변제금에 해당하는 최대 보증금액을 의미합니다. 소액 보증금액의 범위는 세입자 보증금액의 한도를 의미합니다. 예를 들어, 빨간색 네모 부분에 '1억 원 이하'라고 되어 있다면 보증금액이 1억 원 이하일 때만 최우선변제금을 최대 3,400만 원까지 배당해준다는 의미입니다. 즉, 보증금이 1억 원을 초과하면 최우선변제금 3,400만 원은 받을 수 없으며, 배당금액은 배당 순서(확정일자의 날짜)에 따라 배당됩니다. 마지막 가장 우측에 최우선변제금액은 실제로 최우선변제로 배당해줄 수 있는 최대 금액을 의미합니다.

예를 들어, 2012년에 소멸기준(근저당)이 잡혀 있고, 서울 지역 임차인의 보증금이 7,000만 원이면 2,500만 원까지 배당받을 수 있습니다(빨간색 네모에서 낙찰 금액을 뺀 금액이 5,000만 원 이상일 경우). 그러나 보증금이 8,000만 원으로 최대 보증금액인 7,500만 원을 넘어가면, 최우선변제에 해당하지 않고 확정일자에 따라서 배당받게 됩니다.

실제 인천의 한 아파트 경매 사례를 보면 다음과 같습니다. 소멸기준이 되는 근저당 날짜가 2016년 8월 1일에 잡혀 있고 세입자는 이보다 늦은 2017년도에 전입을 했습니다. 근저당 날짜가 2016년이기에 보증금 8,000만 원 이하는 최대 2,700만 원까지 우선 배당을 해줍니다(빨간색 부분). 다음의 임차인의 경우 보증금액이 3,000만 원으로 최우선변제금액 한도 내에 있으므로 2,700만 원까지는 우선 배당이 됩니다.

임차인현황 · 건물소멸기준 : 2020-03-31	배당종기일 : 2021-02-08				매각물건명세서	예상배당표	
순위	성립일자	권리자	권리종류(점유부분)	보증금액	신고	대항	참조용 예상배당여부 (최저가 기준)
1	전입 2020-08-05 확정 2020-04-08 배당 2021-01-20	김O	주거임차인 전부	【보】 30,000,000원 【월】 600,000원	없음		확정일자가 전입일보다 빠를 경우 가족전입여부 확인 바랍니다.

● 임차인(별지)점유

- 김현민 : 최초 전입신고일 2020.04.08. 전출일 2020.06.01. 최후 전입신고일 2020.08.05.
본건 조사내용은 임차인의 진술과 전입세대열람에 의한 조사사항임.(권리신고에 관한 안내문 교부함)

건물 등기 사항 · 건물열람일 : 2020-11-27						등기사항증명서
구분	성립일자	권리종류	권리자	권리금액	상태	비고
갑2	2020-03-31	소유권	이O		이전	매매
을1	2020-03-31	(근)저당	농OO	206,400,000원	소멸기준	(주택) 소액배당 8000 이하 2700 (상가) 소액배당 3800 이하 1300
갑3	2020-11-13	소유권	이O		이전	상속
갑4	2020-11-19	임의경매	농OO	청구: 173,308,654원	소멸	

▲ 최우선변제금액 사례(2020타경526734)

그렇다면 위의 사례를 살펴봅시다. 만일 보증금이 8,000만 원이 아니라 1.1억 원이라면 어떨까요? 그렇다면 최우선변제금을 받을 수 없습니다. 그때는 앞서 설명한 확정일자(배당받는 번호표)의 순서대로 배당이 되며, 앞선 순번에서 다 배당이 되면, 한 푼도 돈을 받지 못하고 짐을 빼야 하는 처지가 됩니다. 이렇게 되지 않도록 전입하기 전에 다른 권리가 있는지, 내 보증금액이 최우선변제금 한도에 걸리진 않는지 잘 살펴보아야 합니다.

대부분의 전세는 최우선변제금액의 한도를 초과하기에, 등기부를 살펴서 선순위가 되도록 전입신고를 통해 대항력을 갖추어야 합니다. 반대로 선순위를 갖추기 어렵다면 최우선변제금 한도 내로만 보증금을 걸어야 집이 경매로 넘어갔을 때, 후순위임에도 최우선변제금 제도를 통해 먼저 배당이 가능합니다.

5장

가짜 임차인을 밝히자.
위장 임차인

위장 임차인이란 실제로 살고 있지 않으면서 전입신고만 해 놓은 임차인을 말합니다. 대항력 있고 보증금이 미상인(물어줄 금액이 얼마인지 모르는) 선순위 임차인이 실제로 살고 있다면 아무도 입찰을 할 수 없습니다(물어줘야 할 금액이 얼마나 될지 모르기 때문입니다). 하지만 실제로는 아무도 살고 있지 않음을 입증한다면 오히려 기회일 수 있습니다. 이것을 파악한 사람만 입찰할 수 있기 때문에 쓰는 가격이 낙찰금액이 될 확률이 높습니다.

법에서는 대항력 요건으로 전입신고뿐 아니라, 점유도 해야 한다고 나와 있습니다. 즉 아무도 살고 있지 않다면 대항력은 성립되지 않겠죠. 유료 경매 사이트의 권리 분석을 맹신하면 안 되는 이유입니다. 유료 경매 사이트는 전입신고 날짜와 소멸기준권리의 날짜만 비교하기 때문이죠.

하지만, 점유의 부재 성립을 입증하는 게 굉장히 어렵습니다. 실제로 문을 따고 들어갔는데 아무 짐도 없었지만, 전입한 사람이 나중에 나타나서 '나는 원래 짐을 안 두고 바닥에서 잠만 잔다.'라고 하면 굉장히 골치가 아파집니다.

또한, 진짜 임차인이 본인이 직접 입찰하기 위해 권리신고(보증금액, 배당신고)를 하지 않는 경우도 있습니다. 그러면 아무도 입찰을 못하고 본인이 싸게 받을 수 있기 때문이죠.

위장 임차인은 다음의 세 가지로 요약할 수 있습니다.
    1. 권리 신고를 하지 않은 진짜 임차인
    2. 전입만 되어 있는 위장 임차인
    3. 전입신고로 대항력만 갖춘 무상 임차인

6장

배당 순서만 알아도 손해 보지 않는다

이번 장에서는 배당에 관해 알아보려고 합니다. 사실 배당 여부는 대부분 낙찰자와는 크게 상관은 없으나, 대항력 있는 임차인이 있는 경우, 선순위 전 세입자가 있을 때는 낙찰자가 물어줘야 할 금액이 달라질 수 있기에 중요합니다.

0순위: 경매 실행 비용

경매를 진행하는 데 있어 현황 조사, 공고, 송달 비용 등이 필요합니다. 이 비용은 생각보다 크지 않기에 크게 신경 쓰진 않아도 됩니다.

1순위: 필요비, 유익비

집을 관리하는 데 들어가는 비용을 필요비라고 하며, 집의 가치를 높여주는 새시 공사, 확장 공사 등은 유익비라고 합니다. 대부분의 임차인이 자신의 돈으로 이 공사를 하는 경우는 없기도 하고 인정받기도 쉽지 않기에 크게 신경 쓰지 않아도 됩니다.

2순위: 임금채권과 최우선변제권

다른 권리보다 앞서 받을 수 있는 권리들입니다. 이 두 권리는 사회적 약자를 배려한다는 측면에서 국가 차원으로 다른 권리보다 먼저 배당된다고 이해하면 좋습니다.

3순위: 당해세

당해세란 그 물건에 얽혀있는 세금을 의미합니다. 대표적으로는 재산세, 종합부동산세가 해당됩니다. 당해세는 정확한 금액을 파악하기가 쉽지 않은데, 해당 관할 군·구청에 전화하여 당해세 금액을 확인해야 합니다. 개인정보라는 이유로 답변을 거부하기도 하니 잘 알아보고 입찰하면 됩니다.

4순위: 그 외 나머지

나머지 순위는 우선변제권에 해당하지 않는 권리로써 각 권리의 설정된 날짜를 기준으로 빠른 순서대로 배당받게 됩니다. 다시 한번 말씀드리지만, 채권자들이 배당을 받는지 여부는 대항력 있는 임차인 또는 선순위 전세권자가 사는 게 아니라면 낙찰자와는 크게 상관이 없습니다.

7장

선순위 전세권이란?

전세권이란 전세임차인이 전세 보증금을 지급하고 다른 부동산 소유주의 부동산을 일정 기간 사용 수익하는 것을 의미합니다. 전세권은 먼저 배당받을 우선변제권이 있습니다만, 말소기준 권리보다 늦은 전세권은 소멸되기에 안전하게 입찰해도 됩니다.

1. 전입신고가 되지 않은 선순위 전세권 → 소멸

2. 대항력을 갖춘 선순위 전세권 → 미배당금액 인수

다음의 경우를 보면 전입이 2015년 12월 30일이고, 등기부상에도 가장 빠른 권리는 2020년 1월 15일로 전입이 더 빠르기 때문에 대항력을 갖춥니다. 또한, 배당 신고를 했기에 경매 신청 비용을 제외하고 최우선으로 배당됩니다. 그렇다면 배당 순서를 알아볼까요? 확정일자의 날짜를 보니 2018년 1월 4일로 되어있습니다. 여전히 등기부상이보다 빠른 권리는 없기에 경매실행 비용을 제외하면 1순위로 배당이 됩니다.

▲ 선순위 전세권 사례(2020타경5304)

즉, 전세권자가 배당을 다 받으려면 1.2억 원 이상을 써야 전액 배당이 되어 점유자가 집을 비워줄 것입니다. 만일 이 물건의 매매 시세가 1.2억 원이 안 된다면 이 물건을 받아서는 안 됩니다. 1.2억 원 이하로 낙찰받더라도 점유자의 보증금 1.2억 원 중에 배당받지 못한 금액을 낙찰자에게 달라고 할 것이기 때문입니다.

토지별도등기란?

토지별도등기가 있다는 것은 집합건물 등기부등본에 토지등기가 따로 있다는 것을 의미합니다. 즉, 건물이 올라가기 전에 토지만을 담보로 대출을 일으켰다는 것을 말합니다. 토지를 담보로 받을 대출로 건물을 짓고, 건물에 대한 등기부가 만들어집니다. 건물에 대한 등기부에 토지에 대한 근저당을 명시할 수 없기에 **'토지별도등기 있음'**이라는 별도의 문구로 공시합니다. 이 경우 반드시 토지등기부를 열람해야 합니다.

단독주택이나 다가구주택은 토지등기부와 건물등기부가 각각 존재하지만, 토지별도등기는 집합건물(아파트, 빌라, 오피스텔 등)에만 존재합니다.

▶ **요약** ⊕ **정리** ◀

1. 등기부를 보는 방법은 임대인이건, 임차인이건 반드시 알아야 하는 정보입니다. 큰 금액으로 거래가 이루어지는 부동산 거래의 특성상, 등기부를 볼 줄 모르면 큰돈을 잃을 수 있기 때문입니다.

2. 전입신고는 집이 경매로 넘어갈 때 대항력 요건을 갖추는 것과 관련 있고, 확정일자는 법원에서 배당받는 순서(번호표)라고 보면 됩니다. 보통은 전입신고를 하면서 확정일자 신고도 함께합니다.

3. 경매 투자자 입장에서 대항력 있는 임차인 여부를 판단하는 근거는 임차인의 전입 날짜와 5가지 말소기준 권리(근저당, 경매기입등기, 가압류, 담보가 등기, 전세권) 중 가장 이른 날짜와 비교하면 됩니다(당연히 전입이 더 빠르면 대항력이 있고, 반대의 경우는 대항력이 없습니다).

4. 최우선변제금은 국가에서 후순위 임차인(대항력 없는 임차인)에게 최소한의 배려로써 일정 금액을 우선 배당해주는 제도입니다. 보증금액의 한도와 우선 배당받는 금액은 지역별, 시기별로 다릅니다.

5. 위장 임차인의 경우 완벽한 조사를 거치지 않거나 증거를 얻지 못하면 입찰하면 안 됩니다. 만에 하나 가짜 임차인이라고 생각했는데 실제 계약서를 가지고 있을 수도 있고, 증거가 있어도 입증하기가 만만치 않습니다.

6. 법원에서 배당 순서는 0순위는 경매실행비용(소액), 1순위는 필요비와 유익비, 2순위는 임금채권과 최우선변제금, 3순위는 당해권 등이 해당합니다.

7. 선순위전세권은 전입신고가 안 되어 있으면 모두 소멸되고, 전입신고가 되어 있고 선순위라면 미배당금액을 인수해야 하니 위험한 물건입니다.

더 읽을거리

돈 버는 경매 투자를 해야지,
경매법개론을 공부하면 안 됩니다

부동산 경매를 깊이 있게 공부하다 보면 간혹 투자를 위한 경매가 아닌, 공부를 위한 경매로 쉽게 빠지게 됩니다. 여러분들이 돈을 벌기 위해 경매를 하는 거라면 지나치게 경매와 관련된 용어와 뜻, 소송과 관련된 절차 등에 집착할 필요는 없습니다.

물론 여러분이 소송까지 각오하고 특수물건에 입찰하는 경우라면 용어라든지 구체적인 배당이나 소송 절차 등을 알아야 하지만(이런 경우도 대부분 전문가에게 의뢰하곤 합니다), 그게 아니라 처음 시작하는 입장이고, 안전한 물건(권리분석에 하자가 없는 물건)에 입찰하는 경우라면 이런 부분은 건너뛰어도 좋습니다.

저 또한 법적인 용어에 관해서는 모르는 게 많지만, 경매 투자로 돈 버는 데는 전혀 문제가 없었습니다. 돈을 버는데 필요한 것에만 에너지를 집중한 결과이지요.

반면, 경매를 학문으로 접근하는 분들은 점점 어려운 내용을 보게 되고 결국엔 입찰조차 못한 채, '경매는 위험해.' '경매는 어려워.'와 같은 말을 하면서 시간과 돈을 낭비하게 됩니다.

어찌됐든 경매도 법원에서 진행하는 것이고 내용을 깊이 들어가면 법 조문, 판례까지 관련이 있을 수 있는데, 문제는 이런 판례를 본다고 해서 경매를 잘하는 것도, 큰 돈을 벌 수 있는 것도 아닙니다. 차라리 그 시간에 더 많은 물건을 찾아보고 조사하는 게 가치 있는 물건을 찾는 데 훨씬 더 도움이 됩니다.

5부

대출 레버리지 및
수익률 분석법

1장

부동산 투자에 대출이 필요한 이유

부동산 경매에서 가장 중요한 것은 대출입니다. 대부분의 부자는 은행의 대출을 적절히 이용하여 부의 추월차선에 올라탔습니다. 도입부에서도 설명했지만, 다시 한번 대출이 중요한 이유를 쉽게 설명하겠습니다.

대출을 이용했을 때와 이용하지 않았을 때 들어간 투자금은 동일하지만, 똑같이 시세가 10% 올랐을 때 소유주가 얻는 시세차익은 5배 차이가 납니다. 이것을 소위 '레버리지 효과'라고도 합니다.

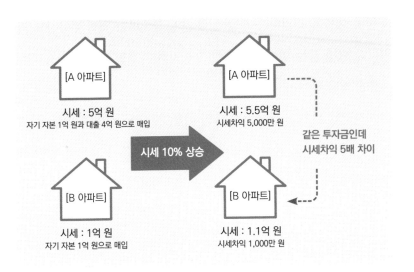

[A 아파트]
시세 : 5억 원
자기 자본 1억 원과 대출 4억 원으로 매입

시세 10% 상승

[A 아파트]
시세 : 5.5억 원
시세차익 5,000만 원

같은 투자금인데
시세차익 5배 차이

[B 아파트]
시세 : 1억 원
자기 자본 1억 원으로 매입

[B 아파트]
시세 : 1.1억 원
시세차익 1,000만 원

▲ 대출이 필요한 이유

소위 대출(레버리지) 없이 부자가 되기는 굉장히 시간이 많이 걸립니다. 그러나 대출을 적절히 활용하면 훨씬 더 빠르게 자산을 늘릴 수 있습니다. 또한, 대출을 많이 받는다고 집값이 떨어지는 것도 아닙니다. 당연히 집값과 대출은 별개이니까요.

그러니 집을 사는 데 있어서 대출 받는 것을 두려워하지 마세요. 입지와 부동산 상품만 괜찮다면 대부분의 주거형 부동산은 장기적으로는 우상향으로 가격이 오릅니다. 그것을 봤을 때 인플레이션보다 빠른 속도로 부자가 되고 싶다면, 자산을 소유함으로써 그 가치 상승을 자산 증식의 도구로 이용해야 합니다.

종종 대출을 걱정하는 분들이 있는데, 경매라는 것이 부동산의 가치보다 싸게 사는 것이 포인트이기에 전혀 걱정할 필요가 없습니다. 대출은 집을 팔아서 갚으면 되니까요.

시세보다 싸게 낙찰을 받았다면 대출액은 부동산을 매매한 뒤 갚아도, 모두 갚고도 남을 것입니다. 또한, 싸게 샀기 때문에 일반 매매로 제값을 주고 매입하는 것보다 상대적으로 대출이 더 많이 나옵니다.

경매로 받은 부동산에 대한 대출을 경락잔금대출이라고 하는데, 이 대출을 취급하는 은행은 제한적입니다. 직접 은행에 경락잔금대출을 문의하는 것보다는 법원에서 경매 전문 대출상담사가 명함을 주는데, 이분들보다 경락잔금대출을 잘 아는 분은 없으니 이분들에게 대출을 받는 것이 좋습니다. 경락잔금대출에 관해서는 다음 부에서 설명하겠습니다.

2장

1분 만에
대출 가능 금액
문의하는 방법

참고로 대출상담사는 은행 직원은 아니고 경락잔금대출을 취급하는 일부 은행의 대출 상품을 가지고 대출을 원하는 사람(낙찰자)과 연결해주는 분입니다. 이분들은 은행의 다양한 대출 조건을 알고 있으니, 원하는 조건을 얘기하면 맞는 은행과 연결해줍니다.

최대한 많은 대출상담사분에게 대출을 문의할수록 좋은 조건의 대출을 찾을 확률이 높습니다. 개인별로 큰 범위에서의 대출 가능 금액이 달라지기도 하지만, 은행 지점별로도 차이가 있기 때문이죠. 다음은 대출상담사에게 문자를 보내는 방식입니다.

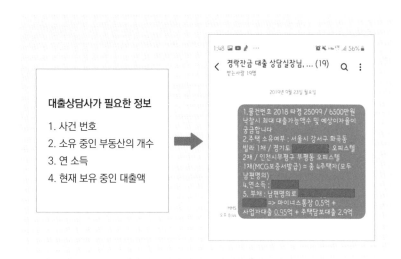

대출상담사가 필요한 정보

1. 사건 번호
2. 소유 중인 부동산의 개수
3. 연 소득
4. 현재 보유 중인 대출액

▲ 대출 가능 금액을 문의하는 방법

먼저, 대출상담사에게 사건 번호, 소유 중인 부동산의 개수, 연 소
득, 현재 보유 중인 대출액을 문자로 알려주면 가능한 대출액을 다음
과 같이 알려줍니다. 종종 바빠서 문자 확인이 안 되는 경우가 있는
데, 이럴 경우에는 직접 전화해서 문자 보낸 내용을 확인해달라고 하
면 답변해줍니다.

한 가지 팁을 드리면, 본인의 총 대출, 부동산 보유, 소득이 달라질
때마다 휴대전화의 메모장에 적어두는 것이 좋습니다. 그렇게 저장
해놓은 것을 복사해서 바로 대출상담사에게 문자로 전송하면 편리하
게 쓸 수 있습니다.

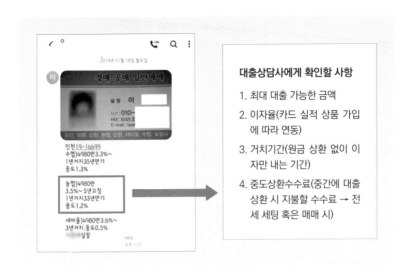

▲ 대출상담사에게 대출 받는 팁

1. **농협 4,980만**: 농협은행에서 최대 4,980만 원까지 대출이 된다는 의미입니다.

2. **3.5%~5년 고정**: 5년 고정의 이자율로 최소 3.5%까지(모든 우대 금리 적용: 상품 가입, 신용카드 사용 등)

3. **1년 거치 33년 만기**: 1년 동안은 원금 상환 없이 이자만 내고 이후에는 33년에 걸쳐서 원금과 같이 상환

4. **중도 1.2%(3년)**: 대출 의무기간 3년 이전에 갚으면 중도상환수수료를 1.2% 부과

기본적으로 대출 가능 금액은 본인이 가지고 있는 1. 연 소득액, 2. 보유 중인 대출액, 3. 보유 중인 주택의 수, 4. 구매하려는 부동산

의 지역, 5. 해당 경매 물건의 권리상 하자 여부에 따라 달라집니다. 대출 가능 금액을 계산하는 방법은 다음 장에서 설명하겠습니다.

최근(2021년 기준) 정부의 부동산 대출 규제로 인해 주택담보대출을 받기가 굉장히 어려워졌습니다. 특히, 대부분의 투자 가치가 있는 지역은 규제지역으로 묶이게 되었는데, 이 지역 내의 부동산을 매입하면서 담보대출을 받게 되면 실거주와 전입 요건이 필수로 붙게 되었습니다. 정부가 왜 규제를 할까요? 폭락론자나 정부가 주장하는 것처럼 앞으로 집값이 폭락할 것이고 떨어질 것인데도 말입니다. 사실 정부도 알고 있습니다. 집값은 떨어지지 않는다는 것을 말이죠. 그래서 규제라도 하면서 일시적으로 집을 매수하려는 수요를 줄이려고 노력하는 것입니다.

하지만, 어려운 상황일수록 기회가 더 빛나는 법입니다. 현재 저의 수강생들은 이 상황 속에서도 투자를 이어가고 있습니다. 예를 들면, 대출이 가능한 주거용 오피스텔(지역 상관없이 대출이 70~80%까지는 나오며, 실거주 요건이 없습니다) 또는 비규제지역(대출이 60~70%까지 나오며, 실거주 요건이 없습니다). 또는 담보대출이 아닌 신용대출, 마이너스통장, 차용증 등을 통해 대출을 받아 규제지역 투자를 하는 분들도 있습니다(실거주 요건은 담보대출에만 붙기에 담보대출이 아닌 대출은 실거주 요건이 없습니다). 이에 관한 자세한 설명은 뒤에서 하겠습니다.

3장

대출 가능한 금액
계산 방법

▲ 파라디아 빌딩

대출가능액 계산표		취등록세&법무비	5%
물건번호	2019 타경 8544		3,500,000
감정가	90,000,000	감정가대비 낙찰률	
예상낙찰가	70,000,000	78%	
낙찰가 80%	56,000,000		
감정가 70%	63,000,000		
최종 대출가능액	56,000,000	매달 이자액(3.5%)	
필요한 자본 액 (보증금 제외)	17,500,000	116,666.7	

▲ **파라디아 빌딩의 수익률 분석**

위는 '경직모('경매하는 직딩 모임' 네이버 카페)'에서 제공하는 대출 가능 금액을 계산하는 엑셀 표입니다. 이 표를 이용하면 '낙찰금액' 칸의 숫자를 바꿔가면서 최종 투자금을 확인할 수 있습니다. 즉, 여러분이 만일 투자금이 한정되어 있다면 그 숫자에 맞춘 낙찰 금액을 이 표를 통해 손쉽게 계산할 수 있습니다.

대출 가능 금액표는 위에서 보이는 '2019타경8544' 사건을 기준으로 작성했습니다. 해당 엑셀 표에서 노란색 부분만 기입하면 됩니다. 나머지 항목은 자동으로 수식이 걸려 있습니다.

위 예시에서는 감정가 9,000만 원에 입찰금액을 7,000만 원(감정가 대비 약 78% 가격)에 적어낸다는 가정하에 작성하였습니다. 해당 물건은 오피스텔이기에, 개인 신용이나 소득에 대비해서 대출이 과도하게 많지 않다면(이 부분은 대출상담사에게 각자 문의해보길 권합니다) 대출이 낙찰가의 80%와 감정가의 70% 중 적은 금액이 나오게 됩니다.

따라서 최종 대출 가능액은 5,600만 원이 됩니다.

이 대출 금액의 한도는 물건별로 다르고 정부 정책에 따라 계속 바뀌기에, 반드시 입찰 전에 앞 장에서 나온 대로 대출상담사에게 문의하길 바랍니다.

126페이지 표 오른쪽의 취등록세는 오피스텔 기준으로 4.6%이지만, 법무비까지 포함해서 약 5% 정도로 잡았습니다. 법무비 수수료가 법무사마다 다르기에 약간의 오차는 있을 수 있습니다. 취득세에 관련된 내용은 부록의 장에서 다시 한번 다루겠습니다.

그렇게 취득세까지 계산되면, 최종적으로 오렌지색 부분에 필요한 초기 자본 금액은 3,000만 원이 계산됩니다(이외의 인테리어비, 명도비 등은 별도로 계산해야 합니다).

잔금을 위한 초기 투자금 = 낙찰금액 + 취득세 – 최대 대출 금액

4장

◀ ▶ ✖

수익률 분석표
이용 방법

다음으로 수익률 분석표에서는 월세를 받게 될 경우 얻는 연 수익률을 계산해봅시다. 저는 월세 투자 목적으로 경매하는 것이라면 최종 수익률이 20% 이상은 나오게 입찰가를 계산하라고 조언하는 편입니다. 당연히 물건 자체의 입지가 훌륭해서 매도차익을 기대할 수 있다면 20% 이하여도 좋습니다. 강남의 20억 원짜리 아파트의 월세 투자 수익률은 3%도 안 됩니다. 시세차익형 부동산이기 때문이죠.

부동산 경매 수익률 계산기				
사건번호 0000 타경 0000				
구분	상세내역	비율	금액	*왼쪽 노란색 배경에 알맞은 값을 입력하세요 / 나머지 값은 자동 완성 됩니다
초기투자비	낙찰가		70,000,000	<- 낙찰가를 입력하세요
	은행대출	80%	56,000,000	<- 은행 대출 비율을 입력하세요
	입찰보증금		8,800,000	<- 입찰보증금을 입력하세요(보통 최저가 10%)
	입찰보증금 제외한 잔금		61,200,000	
	취득세	4.6%	3,220,000	<- 취득세율을 입력하세요
	법무비용		500,000	<- 주택채권할인비용 및 송달료 등 법무비 합계를 입력하세요
	합계		3,720,000	<- 모든 취득 비용의 합(자동 계산)
	인수보증금		0	<- 인수해야 할 보증금이 있으면 입력하세요
	명도비(이사비)		0	<- 명도에 들어간 비용을 입력하세요
	미납 관리비		0	<- 미납 관리비가 있으면 입력하세요
	수리비		500,000	<- 수리(도배, 장판 등) 및 기타 비용을 입력하세요
	중개비		500,000	<- 부동산 중개비 및 기타수수료의 합을 입력하세요
	합계		1,000,000	<- 모든 기타 비용의 합(자동 계산)
	총자기자본		18,720,000	<- 총자기자본이란 보증금 외 전 투입된 총 현금 입니다
	총투자금액		74,720,000	<- 총투자금액 = 낙찰가 + 총 비용

구분	상세내역	비율	월세	전세	매도	
	실투자금		13,720,000	-280,000		<- 총자기자본에서 임대보증금(월세, 전세)을 회수한 실제 투자금액
수입	보증금		5,000,000	75,000,000		<- 월세보증금을 입력하세요
	임대수입(년=월세*12개월)		5,160,000			<- 1년 치 월세를 입력하세요
	매도가격				78,000,000	<- 매도 가격을 입력하세요
	총수입		5,160,000	75,000,000	78,000,000	<- 월세, 전세, 매도 시 각각 자동계산
지출	대출이자(연)	3.5%	1,960,000			<- 대출 금리를 입력하세요
	관리 및 운영비		0	0		<- 운영비가 있으면 입력하세요
	양도소득세	6%			196,800	<- 양도소득세율을 입력하세요
	기타지출		0	0		<- 그 외 지출(누수 발생, 보일러 고장 등)이 있으면 입력하세요
	총지출		1,960,000		196,800	
수익	순수익		3,200,000		3,083,200	
	수익률		23.3%		시세차익	

▲ 수익률 분석표

예를 들어, 위 표에서 나온 것처럼 낙찰가 7,000만 원에 대출 5,600만 원을 받고, 취득세 4.6%인 322만 원, 법무비/수리비/중개비로 각각 50만원을 지출한 뒤, 보증금 500만 원/월세 43만 원(43만 원×12개월=516만 원)을 받으면 23%의 수익률이 나옵니다(대출 이자는 3.5%로 가정). 계산 근거는 연 순수익 320만 원/총 지출 1,373만원 = 약 23%입니다. 물론 추가로 들어갈 비용이 있다면 수익률은 더 낮아질 것입니다.

투자금 3,000만 원으로 입찰 가능한 매물 찾기

본인이 가진 제한된 투자금으로 어느 정도 금액대의 물건을 볼지는 앞서 설명한 대출 가능액 계산표로 역산하면 편리합니다. 다음은 예시로 제가 3,000만 원의 자본금으로 투자할 수 있는 금액대를 찾아보았습니다. 이 책의 집필 시점에서 오피스텔은 낙찰가 80%, 감정가 70% 중에 적은 금액으로 나옵니다. 또한, 취등록세는 법무비까지 포함해서 낙찰가×5%(=600만 원)로 잡았습니다. 대출 금액과 세금은 차후에 정부 정책에 따라 변경될 수 있어 계산이 달라질 수도 있습니다.

계산해보니 감정가 1.6억 원인 물건을 기준으로 1.2억 원까지 쓰면 최대대출금액은 9,600만 원이 나와 3,000만 원 투자금으로 잔금 납부가 가능해 보였습니다.

**무주택자+비규제 지역 기준 입니다		*노란색 부분 기입		취등록세&법무비	5%
대출가능액 계산표				6,000,000	
물건번호	2019 타경 0000				
감정가	160,000,000	감정가대비 낙찰률			
예상낙찰가	120,000,000	75%			
낙찰가	80%	96,000,000			
감정가	70%	112,000,000		매달 이자액(3.5%)	
최종 대출가능액		96,000,000		200,000.0	
필요한 자본 액 (보증금 제외)		30,000,000			

▲ 3,000만 원으로 대출 가능한 금액 찾기

스피드옥션에서 위의 표의 물건을 찾을 때는 다음과 같이 적용해 볼 수 있습니다. 물건 종류(오피스텔), 감정가 1.6억 원, 최소 1회 유찰로 조건을 걸면, 이 조건을 동시에 충족하는 물건을 확인할 수 있습니다.

물론 본인이 오피스텔이 아닌 아파트나 빌라를 보고 싶다면 그 물건종별을 선택하면 됩니다. 다만, 대출이 가능한지는 항상 대출상담사에게 잘 문의해봐야 합니다(보통 대출 규제를 하면 아파트나 빌라는 1순위로 적용받습니다).

▲ 3,000만 원으로 가능한 물건 검색

▶ 요약 (+) 정리 ◀

1. 부의 추월차선에 올라타기 위해서는 남의 돈(대출)을 적절히 이용하는 게 중요합니다. 은행도 무리할 만큼의 대출은 해주지 않으니, 월 이자가 부담되지 않는 선에서의 레버리지는 꼭 활용하길 추천합니다.

2. 대출상담사에게 대출 가능 금액을 물어볼 때는 반드시 다음의 내용이 있어야 합니다. 사건 번호, 본인 연 소득(원천징수금액), 보유 중인 부동산 수 및 대출 금액 등입니다.

3. 대출 가능 금액은 대체로 비규제지역은 70~80%, 규제지역은 정부에 따라 천차만별이지만, 2021년 8월 기준으로 무주택자에겐 60~70%(전입 조건으로만 대출 가능), 1주택이라도 있으면 대출이 금지됩니다. 대출 금액은 수시로 바뀌니 항상 대출상담사에게 문의하는 습관을 들입시다.

4. 수익률 분석표는 월세 투자를 할 때 수익률을 계산하는 표입니다. 입찰가, 대출 가능 금액, 총비용, 월세를 알면 수익률 분석표를 통해 계산할 수 있습니다.

더 읽을거리

규제 속에서도 90%까지 가능한 신탁 대출

2021년 10월 기준으로 대부분의 투자 가치가 있는 지역은 규제지역으로 묶여 대출 가능액이 현저히 줄어들었습니다. 이뿐만 아니라, 규제지역에서 담보대출을 받을 경우 '실거주' 요건이 들어가기 때문에 더더욱 대출받기가 어려워졌습니다. 이때, **신탁 대출**을 활용하면 방 빼기 공제 없이 최대 90%까지 대출받을 수 있습니다.

신탁 대출이란 간단히 설명하면, 해당 부동산의 소유권을 일시적으로 부동산 전문 신탁사에 넘기고, 그것을 담보로 대출을 받는 것을 말합니다. 이에 따라 등기부에 소유자(낙찰자)가 위탁자로 변경되고 신탁사는 수탁자로 지위가 변경됩니다. 그러니 집을 계약하려는 세입자는 소유자 외에 신탁사 이름이 등기부에 함께 들어가 있으니 꺼릴 수 있습니다. 이때, 세입자의 불안한 요소를 해결해주면 되는데, 세입자가 꺼리는 이유는 바로 보증금을 못 돌려받을까 봐 불안한 것입니다.

신탁사에서 대출을 받으면서도 세입자가 임대차보호법으로 보호받기 위해서는 소유자 외에 신탁회사와 은행의 동의서를 받으면 됩니다. 그 동의서의 정식 명칭은 '**임대차계약 우선수익자 동의서**'라고 합니다. 동의서 없이 임의로 세입자와 소유자 단독으로 계약을 한 것은 임대차보호법으로 보호받을 수 없습니다. 반대로 얘기하면, 동의서만 받아놨다면 원래 하던 임대차계약이 합법적으로 이루어진 것이기에 임대차보호를 받을 수 있습니다. 요즘엔 일반 대출이 많이 제한돼서 이러한 신탁 대출도 많이 사용하기에 공인중개사들도 대부분 신탁 대출을 알고 있으니 이 부분을 세입자에게 잘 설명해서 안심시키면 전세나 월세를 놓는 데 큰 문제는 없습니다.

이 신탁 대출 또한 현재 시점에서는 사용할 수 있지만, 향후에는 또 어떤 규제가 생길지 모르니, 여러분이 입찰하는 시점에 꼭 재확인하는 게 좋겠습니다.

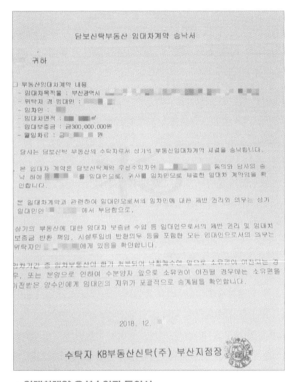

▲ 임대차계약 우선수익자 동의서

6부

부동산 손품 및 임장 조사

1장

실거래가 확인
사이트

이제 물건 조사와 권리 분석을 통해서 마음에 드는 물건을 찾았다면, 실제로 해당 부동산이 얼마에 거래됐고, 얼마의 가치가 있는 물건인지 파악해야 합니다. 실거래가를 확인할 수 있는 사이트로는 LH 한국토지공사에서 운영하는 씨리얼, 국토교통부에서 운영하는 실거래가 공개시스템이 있습니다.

1. LH한국토지공사 씨리얼

▲ 씨리얼 메인 페이지

씨리얼은 LH한국토지공사가 운영하는 실거래 기반 정보 사이트로 부동산과 관련된 여러 정보를 확인할 수 있습니다. 저는 주로 해당 주소지의 실거래 가격을 확인하기 위해 이용합니다. 해당 정보에 접근하려면 먼저, 씨리얼에 접속한 뒤, 씨리얼 지도→부동산종합정보지도를 클릭하면 다음의 창이 뜹니다.

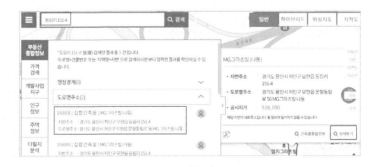

▲ 씨리얼 검색 페이지

137페이지의 하단 그림에서 창이 뜨면 검색하는 곳에 실거래가(매매/월, 전세)를 보고 싶은 곳의 주소지를 입력하면 지도에 해당 위치가 찍힙니다. 그 후에 상세보기를 클릭하면 다음 그림이 나옵니다.

▲ 씨리얼 실거래가 정보 상세 보기

위 그림에서 실거래가정보를 누른 뒤, 매매 또는 전/월세를 클릭하면 해당 주소지의 모든 실거래가를 거래날짜/층수/금액/면적별로 확인할 수 있습니다.

2. 국토교통부 실거래가 공개시스템

▲ 국토교통부 실거래가 공개시스템 1

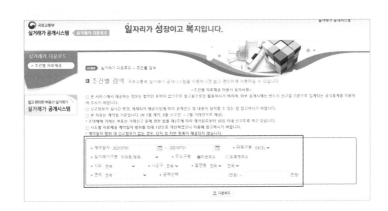

▲ 국토교통부 실거래가 공개시스템 2

국토교통부에서 운영하는 실거래가 공개시스템은 씨리얼과 마찬가지로 실거래 기반 사이트이지만, 차이점이라고 하면 엑셀 형식으로 다운로드할 수 있습니다. 실거래가 공개시스템은 엑셀 형식으로 되어 있기에 자유롭게 형태를 변경하여 경매 물건지에 해당하는 주소지(동/읍/면)의 평균 실거래가, 평수 당 평균매매가 등을 편의에 맞게 계산할 수 있습니다.

국토교통부 실거래 공개시스템은 건물 한 개만 보기보다는 같은 동내에 비슷한 면적이나 연식의 물건이 얼마로 거래됐는지 비교·분석하기에 유용합니다. 다만, 최대 기간이 1년이며, 물건종별(아파트, 오피스텔 등)로 나눠서 다운로드해야 한다는 단점이 있습니다.

▲ 국토교통부 실거래가 공개시스템 3

앞 페이지의 사진은 실거래가 공개시스템에서 엑셀 파일을 다운로드한 모습입니다. 엑셀만 사용할 줄 알면 내림차순/필터/계약 년도/번지 순서 등으로 자유롭게 변형해서 이용할 수 있습니다.

주의해야 할 점은 실거래를 무조건 맹신하면 안 된다는 것입니다. 일부 공인중개사들은 실제 거래된 가격보다 높게 실거래가를 신고하기도 하고, 해당 집의 여러 상황에 따라 시세보다 높게 또는 낮게 거래될 수도 있습니다.

예를 들면, 같은 집이라도 인테리어가 잘 되어있는 집이나 공실이어서 집을 매수한 사람이 입주도 할 수 있고, 세입자를 현재 시세대로(최근엔 계약갱신청구권 때문에 전세가를 올릴 수 있는 한도가 제한되고, 계약이 연장되는 개념이라 공실인 집은 귀한 편입니다) 받을 수 있는 집은 시세보다 비쌀 수 있습니다. 실거래엔 이런 자세한 정보는 나오지 않기에 참고만 하고, 부동산 전화 조사를 통해 현재 받을 수 있는 시세를 파악하는 게 좋습니다. 다만, 경매의 장점은 점유자가 명도 대상이라면 이사비 정도만 주면 공실을 만들 수 있습니다.

보통의 경우에 공실을 만들려면 세입자의 보증금을 집주인이 대출을 받아서든, 자기 돈으로 해서든 쥐여주어야 공실을 만들 수 있습니다(인테리어를 하려고 해도 집이 공실이어야 수월하게 할 수 있습니다).

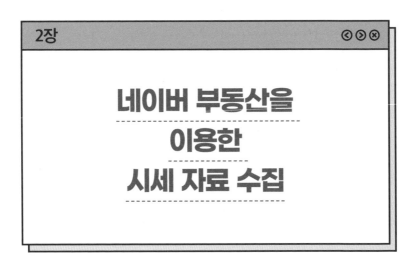

▲ 네이버 부동산 매물

광교더샵 101동 🔔 ★

원천동 매물 더보기 >

더샵공인중개사무소

매매 14억 5,000
매물번호 2119627994
판상형 방4개 전망굿 집보시면 맘에 드실거예요.
확인 매물 21.07.28.

📞 전화상담   💬 문자상담   🗂 중개사정보

최초 게재 2021.07.28   🔗 허위매물 신고

▲ 네이버 부동산 매물(모바일 버전)

　　네이버 부동산은 실거래 기반이 아니고 집주인이 거래하고자 하는 가격에 매물을 내놓은 것이라서 실제 거래되는 가격보다 높게 나온 것들이 대다수입니다. 그러므로 이 매물 가격들은 입찰가에 참고만 하되, 절대로 이 가격이 시세라고 믿고 입찰가를 쓰면 안 됩니다.

　　저는 현장조사 전에 미리 경매 물건과 가장 평수/연식/위치가 비슷한 매물을 네이버 부동산을 통해 예약합니다. 당연히 경매 물건과 같은 건물이면 가장 좋겠지만, 매물이 없는 경우 가장 비슷한 매물을 찾습니다. 해당 매물을 클릭하면 빨간색 네모 부분처럼 매물을 등록한 공인중개사의 연락처가 보입니다.

그리고 전화를 해서 현장조사로 가는 시간대에 맞춰서 내부를 보고 싶다고 이야기합니다. 다만, 경매로 보고 왔다고 하면 불쾌해할 수 있으니 밝히지 않는 것이 좋습니다.

인근에 비슷한 부동산을 직접 볼 겸 공인중개사 사장님과 이야기하기 위해 방문 예약할 때 네이버 부동산을 이용합니다. 집 내부뿐 아니라, 인근의 호재나 개발 계획에 관해서도 물어볼 수 있으니 일석이조입니다. 다만, 미래 도시 개발 계획이나 시세 동향 등을 물어보려면 전·월세 매물보다는 매매로 나와 있는 것을 보고 가는 것이 좋습니다. 세입자들은 시세나 미래 개발 계획이 궁금하지 않기에 물어보면 의심받겠죠?

3장

로드뷰를 통한 온라인 임장

최근에는 지도 애플리케이션이 많이 발달해서 굳이 현장에 가보지 않더라도 집에서 조사할 방법이 많아졌습니다. 그중에서도 이번 장에서는 '로드뷰'를 소개하겠습니다.

카카오맵과 네이버 지도 두 개의 사이트와 앱에서 검색이 가능한데, 굳이 두 가지 플랫폼을 소개하는 이유는 로드뷰를 촬영한 시기가 다르기 때문입니다.

예를 들어, 강남역 주변을 촬영한 카카오맵 로드뷰가 2001년, 2003년, 2005년 이런 형태로 구성되어 있는데, 없는 연도(2004년)가 있을 수 있습니다. 이 경우 네이버 지도를 활용하면 없는 연도를 보충해줄 수 있습니다.

▲ 카카오맵

    위쪽의 빨간색 네모 아이콘을 클릭하면 지도상에 파란색 선으로 로드뷰를 제공하는 길목이 활성화됩니다. 마우스를 클릭하면 다음 페이지와 같은 화면으로 전환됩니다.

    좌측 상단에 가장 최신의 날짜로 로드뷰 화면이 제공되고, 클릭하면 과거로 갈 수 있습니다. 날짜 아래 사진에 2011.10 탭을 좌우로 움직이면서 × 표시 좌측 아이콘을 클릭하면 과거의 모습과 비교할 수도 있습니다. 또한, ◀|▶ 표시를 클릭하면 화면을 반으로 분할하여 동시에 과거의 모습과 현재의 모습을 비교할 수 있습니다.

▲ 카카오맵 로드뷰 1

▲ 카카오맵 로드뷰 2(2011년 10월과 2019년 8월의 거리 모습 비교)

▲ 네이버 지도

▲ 네이버 지도 로드뷰

네이버 지도도 비슷한 방식으로 검색할 수 있습니다. 메인 페이지 우측 상단에 빨간색 네모 부분 아이콘을 클릭하면 파란색 선으로 지도가 활성화됩니다. 로드뷰를 보고 싶은 위치를 클릭하면 다음 사진과 같이 로드뷰가 제공되며, 중간에 날짜를 클릭하면 과거의 모습도 확인할 수 있습니다.

여러분이 경매 물건지에 직접 가보는 것도 중요하지만, 가기 전에 미리 대략 로드뷰로 살펴보고 가면 더 많은 것들이 눈에 들어올 것입니다. 낯선 동네에 아무 사전 조사나 준비도 없이 다녀오면 기억나는 것이 거의 없습니다.

하지만 최소한 네이버 지도나 카카오맵의 로드뷰로 동네 분위기만 살펴보고 가도 더 많은 것을 얻어올 수 있습니다. 이왕 방문했는데 더 많은 것을 얻어 오면 좋겠죠?

4장

공인중개사에
시세 문의하는 방법

공인중개사에 문의하려면 인근 최소 열 군데 이상의 부동산에 전화로 시세 조사하는 것을 추천합니다. 앞서 인터넷을 통해 최소 세 군데에서 시세 조사를 마쳤다면 대략적인 금액대를 염두에 두고, 꼭 부동산에 전화해서 공인중개사에게 실제로 거래 가능한 시세를 알아봐야 합니다. 아무리 인터넷으로 시세 조사를 했다고 해도 인터넷이 직접 중개하는 분들의 현장감과 실제 거래 가격에 대한 지식을 따라갈 수는 없으니까요.

저 같은 경우는 공인중개사에 전화해서 물건의 급매가(보수적인 가격 산정을 위해)와 월·전세를 다음과 같이 알아봅니다. 전화할 때는 구조상 같을 수밖에 없는 경매 물건지의 아래층이나 위층 호수를 말하면서 집주인이라고 말하며 알아봅니다.

예를 들어, A 빌라의 202호가 경매에 나왔다면 "A 빌라 302호 집주인인데요. 세입자 만기가 다가와서 이제 매매를 하려고 하는데, 얼마에 내놔야 금방 거래가 될까요? 제가 자금이 급해서요. 13평에 방 3개, 화장실 1개입니다."와 같이 물어봅니다(경매 사이트에 평수와 구조는 나와 있습니다).

이런 식으로 급매가를 파악한 뒤, "아, 매매가가 생각보다 너무 낮은데 그럼 전세나 월세로 한 번 더 돌리면 어느 정도까지 받을 수 있나요?"처럼 전·월세와 매매 시세를 한 번에 다 조사하는 편입니다.

굳이 경매하는 사람이라고 밝히면 거래할 생각이 없는 손님이라고 취급하여 쌀쌀맞게 이야기할 수도 있으니 저는 굳이 경매한다고 밝히지 않는 편입니다. 이것도 많이 하다 보면 요령이 생길 것입니다.

전화로 시세 조사하기

1. 전용면적
2. 연식
3. 세입자의 임차 조건

4. 이사 날짜 및 세입자 만기일

5. 인테리어(또는 수리) 여부 및 언제 했는지

6. 원하는 매도·임차 금액

1, 2번은 유료 경매 사이트에서 제공하는 자료(도면도, 보존등기일, 전용면적)를 통해 확인할 수 있지만, 3~6번에 대해서는 스스로 생각하고 전화해야 합니다. 공인중개사들도 여러분의 답에 따지려고 하는 것은 아니니 너무 시작 전부터 겁먹을 필요는 없습니다.

3번 세입자의 임차 조건은 해당 건물 또는 주변의 실거래 시세를 본 뒤, 얼추 비슷하게 임차 조건을 이야기해줍니다. 예를 들면, 보증금 500만 원에 월세 35만 원 이런 식이죠. 4번은 보통 공인중개사에 매물은 계약 만기 2달 전에 내놓기에 2달 뒤 임의의 날짜를 이야기해 줍니다.

5번은 인테리어를 너무 최근에 새로 했다고 하면 가격을 높여서 얘기할 수 있으니 5~6년 정도 됐다고 합니다. 또는 낙찰 후에 본인이 인테리어를 할 생각이 있다면 최근에 인테리어를 했다고 얘기해도 무방합니다.

6번처럼 우리가 원하는 매도·임차 금액이 있는지 묻기도 하는데,

이 부분은 우리가 얻어야 할 정보이기에 "저는 요즘 시세는 잘 몰라서 사장님께 조언을 구하려고 전화드렸습니다."라는 식으로 이야기하는 편입니다.

여기까지 이야기하고 급매가 및 전·월세 시세가 파악되었으면 "임차인과 정확한 이사 날짜를 협의하고 전화드리겠습니다."라고 대화를 마무리하면 됩니다.

5장

현장조사에서
확인할 것들

이제 본인이 입찰하고자 하는 경매 물건을 찾았고, 로드맵을 통해 주변 입지를 살폈고, 시세(실거래, 네이버 부동산 매물, 부동산 전화) 조사도 완료하였으며, 대출 가능액도 확인했으면 물건지에 방문해야 합니다. 가장 번거롭지만 중요한 것인데, 현장조사를 하지 않고 덜컥 낙찰을 받았다가 다음과 같은 하자들이 발견되면 향후 수익을 내는 데 큰 차질을 줄 수 있습니다.

첫 번째로 입찰하려는 물건이 오피스텔, 상가, 아파트와 같은 세대수가 많은 건물이라면 관리실에서 미납 관리비를 확인하여야 합니다. 임차인이 이미 이사를 하였을 경우 이 비용을 낙찰자가 인수해야 할 수 있기 때문이죠. 이 경우 인수할 금액만큼 더 싸게 입찰하지 않으면 손실을 볼 수 있으니 조심해야 합니다.

두 번째로는 건물의 하자 여부를 확인해야 합니다. 빌라 같은 경우 옥상에 올라가서 방수 페인트가 깨져 있지는 않은지와(방수 페인트가 깨져 있으면 그 틈새로 물이 흘러 꼭대기 층의 천장에서 물이 새면서 천장 및 벽지에 곰팡이가 발생합니다) 주차장 공간은 충분한지, 경매에 나온 호수의 아랫집과 윗집에 방문하여 특별한 하자(누수, 곰팡이 등)는 없는지 등을 파악하여야 합니다.

방수 페인트가 잘 된 모습 · 방수 페인트가 깨진 모습으로 탑층 누수 위험이 있다

▲ 옥상 방수 페인트의 하자로 인한 누수

세 번째로는 주변 여건을 파악하여야 겁니다. 한 시간 정도 잡고 거주자 입장에서 주변을 걸어 다니며 동네 분위기는 어떤지, 마트는 어디에 있는지, 버스정류장, 지하철까지의 거리를 파악해서 살기에 좋은지 파악하는 겁니다. 편의 시설이 많을수록 임차인도 마찬가지로 살기 좋을 것이고 임차 수요가 충분할 확률이 높습니다. 또한, 유해 시설로는 어떤 것이 있는지 살펴봐야 합니다. 송전탑, 쓰레기매립장, 유흥 시설 등이 해당됩니다.

네 번째로 해당 부동산이 햇빛이 잘 드는 세대인지 보아야 합니다. 같은 건물이라도 창의 방향에 따라 건물과 마주 볼 수도, 강을 바라볼 수도 있습니다. 같은 조건이라면 당연히 해가 잘 들고 뷰가 좋은 집이 비싸고, 당연히 월·전세가 잘 나갑니다.

마지막으로 조사한 것을 바탕으로 인근 부동산에 방문해서 시세를 알아봐야 합니다. 집주인이 팔고자 하는 가격이 아니라, 바로 거래될 수 있는 급매가 및 전·월세가를 파악해야 합니다.

적어도 열 군데는 방문해서 얘기한 가격 중 가장 낮은 가격(보수적)으로 파악하면 됩니다. 급매가 기준으로 얼마만큼의 차익을 가지고 입찰할 것인지 판단하고 그 차액만큼 가격을 낮게 써서 입찰하면 됩니다(수리가 필요하다면 당연히 입찰가에 수리비도 고려해서 가격을 더 낮게 써야 합니다).

가격 산정의 어려움을 겪는 분에게 팁을 드리자면 정답이 없는 문제이니 본인 나름의 기준을 세워야 한다는 것입니다. 저는 빌라·오피스텔 쪽에 많이 입찰했기에 매매가/전세가의 차이가 크지 않은 경매물건이 많았는데, 전세보다 약간 더 싸게 사는 전략으로 입찰에 임했습니다.

▲ **경매 물건지 아래층의 누수 흔적**

추가로 다음은 연식이 오래된 빌라의 새시를 보고 파악할 수 있는 부분입니다. 아랫집, 윗집과 다르게 새시틀이 깨끗한 것을 볼 수 있습니다. 이는 곧 내부 수리를 했다고 생각하면 됩니다. 수리 항목 중에 비용이 가장 비싼 것이 이 새시인데, 새시를 하고 내부 수리를 안 하는 경우는 없기 때문이죠. 경매 물건의 새시가 이렇게 되어 있다면 수리비만큼 가격을 더 쓸 수 있습니다. 수리비가 안 들어갈 확률이 높기 때문이죠.

▶ 요약 ⊕ 정리 ◀

1. 실거래가를 확인하는 사이트로는 국토교통부 실거래가 공개시스템, 씨리얼(구 온나라지도)이 있고, 집주인이 내놓은 매물은 네이버 부동산에서 확인할 수 있습니다.

2. 로드뷰에서는 실제 길거리를 촬영한 모습을 볼 수 있는데, 대표적으로 카카오맵과 네이버 지도에서 해당 서비스를 제공하고 있습니다.

3. 반드시 공인중개사에게 시세를 문의해야 합니다. 아무리 인터넷에 많은 정보가 있어도 실시간으로 이루어지는 거래를 중개하는 공인중개사를 따라갈 수는 없습니다.

4. 부동산 임장(현장조사)은 경매 사이트 사진으로는 확인할 수 없는 어떤 하자라든지 호재를 파악하기 위해서 반드시 해야 합니다. 여러분이 들어가서 살 집이라고 생각하면 어떤 부분을 봐야 할지 감이 잡힐 것입니다.

더 읽을거리

지역 호재 찾기

부동산 투자를 하는 데 있어서 같은 조건 안에서 호재가 있다면 미래에 부동
산 가치가 올라갈 것입니다. 호재를 확인할 수 있는 사이트를 세 곳을 소개
하고자 합니다. 간혹 정보가 누락된 경우도 있기에 이 세 곳을 함께 보면서
정보를 상호 보완하면 좋을 것입니다.

1. 네이버 부동산

▲ 네이버 부동산에서 개발 호재 찾기

네이버 부동산에서 오른쪽 '개발' 탭을 누르면 철도, 도로, 개발 지역, 전체 4
개의 탭으로 나눠서 확인할 수 있습니다. 전체 지도를 켜 놓고, 개발 버튼을
반복해서 누르면 지도 상에 해당 구역이 생겼다가 없어지는 것을 보며 어느
위치에 호재가 있는지 명확히 파악할 수 있습니다. 확대하면 해당 호재에 관
한 자세한 계획도 확인할 수 있습니다.

2. 호갱노노

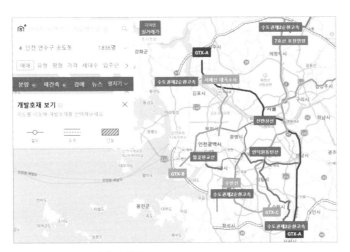

▲ 호갱노노에서 개발 호재 찾기

호갱노노는 수도권(서울, 경기, 인천) 지역에 있는 호재들을 중점적으로 확인
할 수 있습니다. 특히나 지하철 노선에 대한 호재가 지도에 보기 쉽게 표기되
어 있으며, 지도를 확대하면 대기업 신사옥, 문화센터 신설 등에 대한 지엽적
인 부분도 확인할 수 있습니다. 확대해서 해당 호재를 클릭하면 해당 호재에
관해 알고 있는 사람이 그 내용을 기입하기도 합니다.

3. 아실(아파트 실거래)

▲ 아실에서 개발 호재 찾기

아실 메인 페이지 상단의 '개발이슈'에서 개발 호재를 파악할 수 있습니다. 아실은 다른 사이트보다 조금 더 개발 호재에 관한 자세한 내용과 관련 이미지가 많으니 참고하면 많은 도움이 될 것입니다.

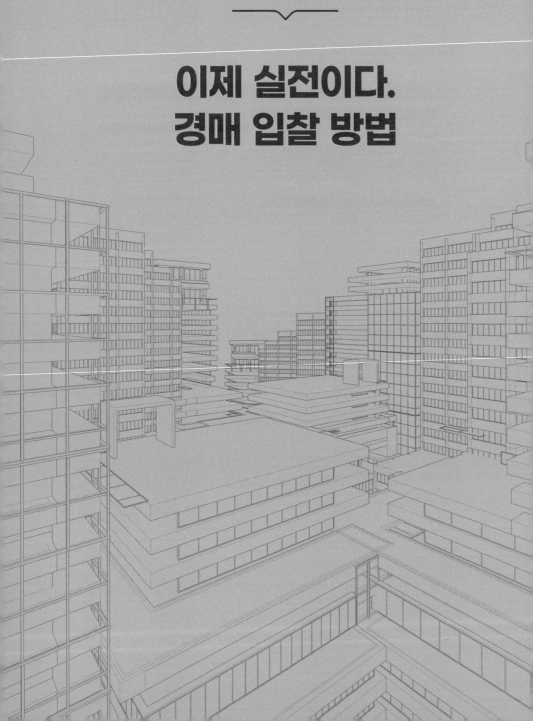

7부

이제 실전이다.
경매 입찰 방법

1장

휴가 내기 어렵다면
대리인 제도를
활용하자

본인이 직접 입찰하기 위해서는 지정된 날짜(대부분의 입찰 법정이 평일 오전 10시에 시작해서 오후 1~2시 사이에 끝납니다)에 해당 법정에 참석해 입찰 서류를 제출해야 합니다. 하지만 저도 그랬지만 직장인이라면 매번 휴가 내고 가는 것이 쉽지만은 않습니다. 그런 분들을 위해 경매 법정에서는 대리인 제도를 운영하고 있습니다. 본인이 참석할 수 없으면 추가 서류(위임장, 인감증명서)를 구비해서 경매 법정에 대리인이 대신 입찰할 수 있습니다.

비용

비용은 크게 두 가지 방식으로 책정됩니다.

1. 낙찰 여부와 관계없이 대리 입찰할 때마다 5~10만 원: 대리인마다 가격이 다릅니다.

2. 30만 원에 경매업체와 계약을 맺고 원할 때 대리 입찰을 보내는 방법: 담당자의 스케줄을 미리 확인해야 합니다. 이 경우 낙찰됐을 때 추가로 낙찰 금액의 1%를 납부하여야 합니다.

구비 서류

▲ 인감증명서

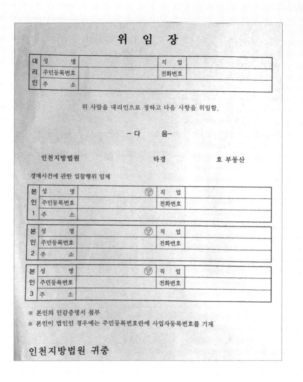

▲ 위임장

　일단 본인의 인감증명서(인터넷 발급은 불가능하며, 동사무소에서 발급)와 본인의 도장이 날인된 위임장이 필요합니다. 우체국 등기로 대리인에게 주소를 받아 미리 보내서 대리인이 입찰장에 입찰 서류와 함께 제출하여야 합니다.

진행 방법

대리인과 스케줄이 맞지 않을 수 있으니 미리 대리인에게 사건 번호와 함께 입찰 날짜를 알려야 합니다. 서류는 적어도 2~3일 전엔 미리 보내고 입찰 보증금 및 대행수수료는 전날까지 입금하면 됩니다. 입찰 대행을 진행하는 분을 찾길 원한다면 네이버 카페 '경제적 자유로 가는 직장인들(https://cafe.naver.com/newcomerauction)' 내의 경매관련 자료실의 대리입찰 담당자 연락처에서 확인할 수 있습니다.

 TIP 낙찰가 산정 방법

낙찰가 산정에 정해진 법칙은 존재하지 않습니다. 다만 저는 수강생들에게 입찰가를 정할 때 다음과 같은 마인드를 가지고 하면 좋다고 얘기합니다. "입찰 경쟁자가 없더라도 후회 없는 가격을 쓰세요. 단독 낙찰이면 쓰는 가격이 곧 낙찰가이니까요."

많은 분이 낙찰되면 마냥 좋을 것 같지만, 사실 그렇지도 않습니다. 특히나 너무 높은 가격을 써서 실제 시세와 다르지 않게 받거나, 2등과의 차이가 크면 잘못 받았다고 자책하는 경우도 많습니다. 그렇기에 위와 같이 조언하며, 너무 높이 쓰는 상황을 없애기 위해 노력하고 있습니다. 가격을 높이 써서 받는 것보다는 패찰해서 돈을 돌려받고 다음을 기약하는 게 나을 수 있습니다.

두 번째는 대출 가능 금액 계산표를 이용하는 것입니다. 투자자 입장에서 투자금을 최소화하는 것은 굉장히 중요합니다. 위에서 설명한 대출 레버리지가 극대화되는 지점을 찾는 방법을 통해 낙찰가를 산출해볼 수 있습니다. 부동산 경매 대출은 낙찰가의 ○%, 감정가의 ●% 중 적은 금액으로 나오기에 이 두 가격이 만나는 지점으로 입찰하면 대출을 최대치로 받을 수 있으면서 가장 높은 가격을 쓸 수 있습니다.

예를 들어, 감정가 1.6억 원의 오피스텔을 1.4억 원에 낙찰받았다고 가정하겠습니다. 오피스텔은 감정가 80%, 낙찰가 70% 중 적은 금액으로 대출 가능하니, 두 금액 모두 1.12억 원으로 같기에 대출을 최대로 받게 됩니다. 물론, 낙찰가를 더 낮추면 투자금은 줄겠지만, 낙찰될 확률도 줄겠지요.

**무주택자+비규제 지역 기준 입니다		*노란색 부분 기입	취등록세&법무비	5%
대출가능액 계산표			7,000,000	
물건번호	2021 타경 1111			
감정가	160,000,000	감정가대비 낙찰률		
예상낙찰가	140,000,000	88%		
낙찰가 80%	112,000,000			
감정가 70%	112,000,000		매달 이자액(3.5%)	
최종 대출가능액	112,000,000		233,333.3	
필요한 자본 액 (보증금 제외)	35,000,000			

▲ 대출 가능 금액 계산표

마지막 세 번째 방법은 입찰 경쟁률을 추측해 보는 것입니다. 스피드옥션에 입찰 경쟁을 추측할 수 있는 세 가지의 자료가 있습니다.

1. **최근 2주간 물건 조회 수**: 현재 나와 있는 경매 물건을 2주간 몇 명이 조회했는지 볼 수 있습니다. 평균 10명이 넘어가면 입찰 경쟁이 꽤 있을 거라 예상할 수 있습니다.

2. **해당 번지 사례(해당 건물에 있었던 경매 사례)**: 해당 번지 수에 있었던 과거 경매 사례를 통해 몇 명이 입찰했고, 감정가 대비 낙찰가율은 몇 %인지 확인할 수 있습니다. 이를 통해, 우리 물건도 얼마나 경쟁할지 추측할 수 있습니다.

3. **인근 매각물건**: 같은 동, 읍, 리 내에 있었던 동일 물건 종별(아파트, 오피스텔, 빌라 등)의 경매 낙찰 사례를 볼 수 있습니다. 같은 빌라 또는 아파트의 사례만 보여준다면, 인근 매각 물건은 좀 더 넓은 범위에서 같은 동 내에 있었던 사례를 볼 수 있습니다.

2장

입찰표 작성 및
미리 준비할 것들

자, 이제 물건 검색, 권리 분석, 시세 조사와 현장조사까지 마쳤으면 입찰 가격을 미리 결정해야 합니다. 그다음에 법원에 입찰하고 낙찰받아야 조사한 부동산의 주인이 될 수 있습니다. 전날 입찰 가격을 미리 정해야 하는 이유는 당일 법원에서 결정하면 많은 사람을 보고 압도되어 종종 무리한 가격을 쓰는 경우가 있기 때문입니다.

입찰은 조사한 물건의 관할 법원에 있는 경매 법정으로 아침 10시까지 가야 합니다. 예를 들면, 다음 2019타경7534의 경우 인천지방법원 내에 있는 경매 법정에 2020년 2월 12일 오전 10시까지 가야 합니다. 입찰 마감이 11시 20~30분(법정마다 약간씩 다릅니다)이기에 10시 이후에 도착해도 11시 20~30분 전까지만 입찰 서류를 써서 제출하면 됩니다.

▲ 입찰 날짜 확인

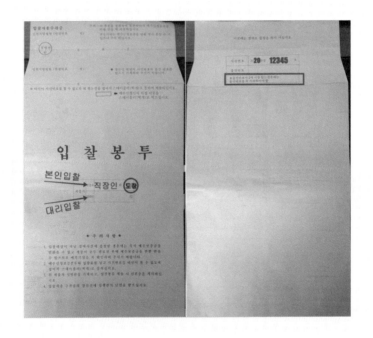

▲ 입찰 봉투

(출처: https://url.kr/yi8vmp)

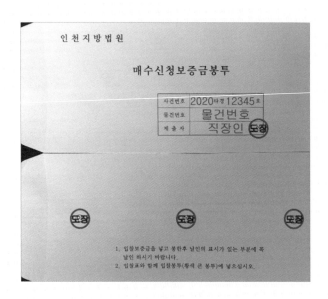

▲ 보증금 봉투

(출처: https://url.kr/yi8vmp)

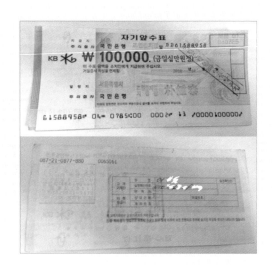

▲ 수표

(출처: https://url.kr/lfxiug)

보증금으로 제출할 돈은 한 장짜리 수표로 만들어 오는 것이 좋습니다. 반드시 100만 원, 1,000만 원과 같이 정확히 떨어지는 금액일 필요는 없습니다. 예를 들면, 123,456,789원 같은 금액이라도 한 장짜리 수표로 발급할 수 있습니다.

(앞면)

기 일 입 찰 표

OO 지방법원 집행관 귀하　　　　입찰기일 :2014년 01 월 10 일

사건번호	2014 타 경 123 호	물건번호	1

입찰자	본인	성 명	별첨 목록 과 같음	전화번호	
		주민(사업자)등록번호		법인등록번호	
		주 소			
	대리인	성 명	홍 길 동 (홍길동인)	본인과의 관계	친척
		주민등록번호	701230-1234567	전화번호	010-2000-0000
		주 소	수원시 권선구 동수원로 145번길 73		

| 입찰가격 | ₩ 3 1 5 9 9 9 0 0 0 원 |
| 보증금액 | ₩ 2 9 0 0 0 0 0 원 |

보증의 제공방법　✓ 현금·자기앞수표　□ 보증서

보증을 반환 받았습니다.

입찰자　홍 길 동　인

▲ 기일입찰표

　　기일입찰표, 입찰 봉투, 입찰보증금 봉투는 법원 제출서류입니다. 경매법정에 들어가면 한쪽에 비치되어 있고 작성 방법도 게시되어 있습니다. 그래도 서류를 작성하는 것이 이해되지 않거나 어렵다면

법정 안에 있는 직원에게 물어보면 친절히 안내해줄 것입니다.

1. **기일입찰표**: 제출 서류 중에서 입찰 가격을 써야 하기에 가장 중요한 서류입니다. 입찰 가격이 1억 원인 물건에, 숫자 '1'을 한 칸 왼쪽에 기입하면 10억 원이 됩니다! 이렇게 되면 당연히 고가 낙찰되고 보증금을 돌려받을 수 없는 상황이 발생합니다. 종종 어르신들이 이런 실수를 하여 보증금이 몰수되곤 합니다(1억 원의 물건을 10억 원에 낙찰받고 잔금을 낼 분은 없으니까요).

2. **입찰 봉투**: 기일입찰표, 입찰보증금 봉투, 위임장(대리인 입찰일 경우) 이 세 가지를 모두 입찰 봉투에 넣고 집행관에게 제출합니다.

3. **입찰보증금 봉투**: 보통 최저가의 10%를 보증금으로 내야 하는데 이 보증금을 넣는 봉투입니다. 보증금액은 재매각 사건의 경우 20%나 30%로 증액되기도 하니 반드시 경매 사이트에서 확인해야 합니다.

이외에 대리인이 입찰할 경우에는 대리인이 인감증명서와 위임장, 인감도장이 찍힌 기일입찰표 이 3가지 서류를 추가로 지참하여 법원에 제출해야 합니다. 참고로 인감증명서는 인터넷에서 발급받을 수 없으니, 가까운 아무 동사무소에 직접 방문해서 발급받아야 합니다.

특별히 위임장의 양식이 정해진 것은 아니지만, 필수로 들어가야 하는 것은 다음과 같습니다.

1. 관할지방법원 및 사건 번호(예: 인천지방법원 2020타경1245호)

2. 입찰자 정보(인감 날인, 주소, 전화번호, 이름, 주민등록번호)

3. 대리인 정보(지장 또는 인감 날인, 주소, 전화번호, 이름, 주민등록번호)

<table>
<tr><td colspan="7" align="center">위 임 장</td></tr>
<tr><td colspan="7" align="right">년 월 일</td></tr>
<tr><td rowspan="2">수 임 인
(대 리 인)</td><td>성 명</td><td></td><td>(인)</td><td>주민등록번호</td><td colspan="2"></td></tr>
<tr><td>주 소</td><td colspan="4"></td><td>(☎)</td></tr>
<tr><td rowspan="2">위 임 인</td><td>성 명</td><td></td><td>(인)</td><td>주민등록번호</td><td colspan="2"></td></tr>
<tr><td>주 소</td><td colspan="4"></td><td>(☎)</td></tr>
<tr><td colspan="7">위의 사람을 본인의 대리인으로 정하여
다음의 위임사항에 대하여 본인의 권한을 위임합니다.</td></tr>
<tr><td colspan="7" align="center">위 임 사 항</td></tr>
<tr><td colspan="7">

1.

2. 첨부서류 : 위임인 인감증명서 1부.
　　　　　　위임장 1부(위임인 사용인감도장 날인분).</td></tr>
</table>

▲ 위임장

3장

입찰 진행 절차 타임테이블

그럼 경매법정의 입찰 절차에 관해 알아보겠습니다. 수년간 모든 경매법정에서 비슷한 프로세스로 진행되었습니다. 그렇기에 한번 시간을 내어 본인이 자주 입찰할 지역의 관할 법원 경매법정에 가서 어떻게 진행되는지 보는 것도 좋은 방법입니다. 백문의 불여일견이라고 말로 설명하면 길어지고 이해도 어렵지만, 한번 눈으로 보면 바로 이해되기 때문이죠.

지방법원마다 있는 경매법정에 입찰 시간(보통 오전 10시부터이며, 오후 2시에 시작하는 법원도 있으니 입찰 시간을 잘 확인해야 합니다)이 되면 다음 사진처럼 입구 게시물 쪽에 당일 진행되는 경매 물건의 리스트를 부착합니다.

▲ 경매 법정 입구의 금일 입찰 물건 목록

법정에 구비된 입찰 서류를 모두 작성하고 제출하면 됩니다. 최근에는 방법이 바뀌어서 본인이 직접 제출하는 게 아니라, 앞에 보이는 집행관이 신분증과 입찰 봉투의 제출자 이름을 확인합니다. 위 사진은 경매법정 입구의 모습이고 다음 페이지의 사진은 입찰 봉투를 제출하는 모습입니다.

입찰 봉투 제출 후 받는 수취증　　　　낙찰되면 받는 낙찰 영수증

▲ 입찰 봉투 제출

위의 사진처럼 집행관에게 입찰 봉투와 신분증을 제시하면 입찰 봉투는 입찰함에 넣고 집행관으로부터 수취증을 받습니다. 이 수취 증은 향후 패찰이 됐을 때, 봉투를 돌려받기 위해 필요하니 잘 보관 하고 있어야 합니다. 제출 마감 시간은 보통 11시 20~30분이며, 법정 마다 차이가 있으니 해당 법정 인터넷 사이트에 들어가서 확인하면 됩니다.

낙찰되면 바로 집주인이 되는 것이 아니라, 법원에서 일주일간의 항고기간(채무자가 빚을 탕감할 시간)을 갖습니다. 일주일 뒤에 항고가 없 다면 법원에서 매각허가결정을 내리고, 다시 일주일을 기다리면 잔 금 납부 기한을 줍니다(합쳐서 약 2주의 시간이 소요됩니다).

그러면 드디어 그날부터 35일의 대금지급기한(잔금 납부기간)에 본 인에게 맞는 대출을 최대한 많이 알아보고, 해당 대출을 취급하는 은행에 방문하여 자필로 서명하면(대출 실행) 비로소 집주인이 될 수 있습니다.

　또한, 낙찰 후에는 기존에 사는 사람을 내보내거나 재계약을 해야 합니다. 낙찰자 입장에서는 이 사람이 하루라도 빨리 집을 비워줘야 새로운 세입자를 받을 수 있고 월·전세를 받을 수 있기 때문에, 낙찰받은 그 날 바로 물건지에 가서 다음과 같이 연락처를 남기고 오는 것이 좋습니다(반대로 세입자는 최대한 오래 머물러 있길 원하고, 많은 이사비를 받으려고 하겠지요). 자세한 내용은 다음 장에 이어서 설명하겠습니다.

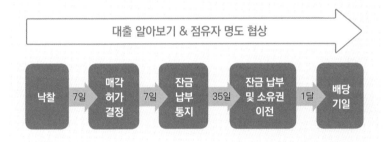

▲ 낙찰 이후의 프로세스

4장

낙찰되었다면 바로 경매 물건지에 방문하자

경매 법정에서 입찰하고 낙찰받았다면 성공의 맛을 본 것 같고 대출상담사들이 뛰어와서 명함을 나눠 주니 더 들뜬 마음을 가질 겁니다. 하지만 이제부터 새로운 난제들이 시작되니 그 마음은 계약 이후로 미루고 이후 과정에 집중할 필요가 있습니다.

대부분의 경우 낙찰받으면 물건지에 사는 점유자를 내보내거나 재계약을 해야 하는데, 이를 '명도'라고 합니다. 껄끄럽겠지만, 경매 과정에서 반드시 거쳐야 합니다. 쉽지는 않지만, 명도를 마치고 가격을 잘 써서 낙찰받은 물건지를 계약하게 되면 보상을 받을 것입니다.

낙찰되었으면 공식적으로 해당 경매 사건의 이해관계자가 된 것이므로 바로 물건지에 방문해서 점유자와 이사 일정에 관해 이야기를 나누는 것이 좋습니다. 혹시, 이사 일정이 정해지지 않았더라도 대화하는 것만으로도 의미가 있습니다. 점유자의 태도를 보며 향후 명도의 난이도를 가늠할 수 있기 때문이죠. 혹시 방문했는데 점유자가 부재중이면 다음과 같이 연락처라도 남기고 오는 것이 좋습니다.

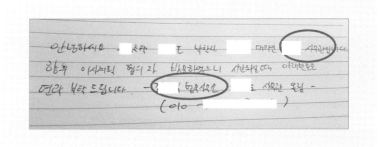

▲ 연락처 남기기 예시

 TIP **점유자와 대화하는 팁**

낙찰받은 집에 사는 점유자와 첫 대면 시에는 원활한 대화를 위해 간단한 음료를 준비해가는 것도 좋습니다. 선물을 준비해서 찾아온 사람에게는 조금이라도 대화의 문을 열 수 있기 때문입니다. 앞서도 강조했지만, 점유자를 강제로 끌어내는 것은 아마추어 같은 행동입니다. 원활한 대화를 통해 그들이 원하는 것도 듣고, 어려운 상황은 공감해주고, 양보할 수 있는 것은 양보하다 보면 협상할 수 있는 부분이 보입니다. 당연히 무리한 요구는 선을 그어야 합니다.

기억합시다. 하루라도 빨리 연락이 되어 명도가 빨리 이루어져야 우리에게 좋은 것입니다. 여러분이 해당 부동산을 대출받아서 잔금을 냈다면 매달 대출 이자가 나갈 것이기 때문이죠. 그게 아니더라도 큰돈이 묶여있는 것 자체가 다른 투자를 못 하는 눈에 보이지 않는 비용, 즉 '기회비용'입니다.

기존 임차인/채무자 명도

명도란 현재 집에 거주하는 사람(낙찰자와는 계약 관계가 없고, 전 소유주와 계약 관계가 있던 사람 또는 채무자 본인)을 이사시키는 것을 의미합니다. 법적으로 낙찰자(최고가 매수인)는 낙찰받은 부동산의 잔금을 납부하면 소유권을 넘겨받기에 합법적으로 원래 거주하던 거주자를 내보낼 권리가 있습니다. 다만, 대항력 있는 임차인처럼 낙찰자에게 받지 못한 돈에 대한 권리가 있는 사람이라면 얘기가 달라집니다.

대항력 있는 임차인은 보증금을 다 돌려받아야 이사를 갈 것이기에 입찰하기 전에 대항력이 있는 임차인이 보증금을 법원에서 다 돌려받는지 꼭 확인해야 합니다. 돌려받지 못한다면 그 비용을 고려해서 입찰가를 정해야 합니다.

▶ 요약 ⊕ 정리 ◀

1. 경매 입찰은 본인이 참석하는 것이 원칙이지만, 대리인 제도를 통해 지인 또는 대리인을 보낼 수 있습니다(회사에 출근하는 분은 잘 활용하면 좋습니다).

2. 본인이 입찰하는 경우에는 신분증, 인감도장, 보증금 수표만 챙겨가면 되고, 대리인이 참석하는 경우는 위 세 가지 외에 입찰자 인감도장이 날인된 위임장과 입찰자의 인감증명서를 추가로 준비하면 됩니다.

3. 입찰 일정은 법정마다 약간씩 다르긴 하지만, 인천지방법원 기준으로는 오전 10시에 법정이 열리고, 10시 30분부터 11시 20~30분까지 입찰 서류를 제출할 수 있습니다. 11시 20~30분이 되면 앞쪽 법원 직원이 20~30분간 서류를 사건 순서대로 정리하고 11시 50분부터 개찰을 시작합니다. 끝나는 시간은 그날의 물건 개수에 따라 다르지만, 늦어도 오후 1시 30분~2시에는 끝나는 편입니다.

4. 낙찰되었다면 바로 물건지에 가서 연락처라도 남기고 오도록 합니다. 물론, 대면하면 더 좋습니다. 말투나 표정을 통해 명도의 난이도를 가늠할 수 있기 때문입니다. 하루라도 빨리 명도 협상이 되어야 마음도 편할 거고 대출을 받았다면 대출이자의 스트레스에서도 벗어날 수 있습니다.

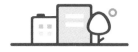

경매 법정에서 입찰할 때 알아야 할 것

그 외에 법원에서 조심해야 할 네 가지 사항은 다음과 같습니다. 첫 번째는 촬영 금지입니다. 집행관의 재량에 따라 내부 촬영을 하다 적발되면 휴대폰을 압수당할 수도 있고, 심하면 입찰하는데 불이익을 받을 수 있으니 주의하기 바랍니다.

두 번째는 대출액 재확인입니다. 경매법정 뒤편에서 명함 및 경매 정보지를 나눠 주는 분들은 대부분 대출상담사입니다. 미리 대출 가능 금액을 알아 왔어도 다시 한번 그분에게 대출 금액을 재확인받는 것도 좋은 방법입니다. 대출은 많이 알아볼수록 더 좋은 조건으로 받을 확률이 높아집니다. 특히, 해당 지역의 법정에 오는 대출상담사들은 보통 그 지역의 물건에 대한 대출은 정말 잘 알고 있으니 대출을 어떻게 유리하게 받을 수 있는지 문의해도 좋습니다.

세 번째는 물건 입찰 순서를 잘 봐야 합니다. 불안하다면 처음부터 끝까지 있으면 되지만, 본의 아니게 입찰표를 제출하고 자리를 비워야 한다면 반드시 본인 물건의 입찰 순서를 정확히 알고 있어야 합니다. 물건 순서는 보통 '20xx타경xxxx'에서 앞에 연도의 숫자부터 빠른 번호순으로 진행되지만, 집행관의 재량에 따라 한 물건에 입찰자가 몰렸을 경우, 그 물건을 먼저 진행하기도 합니다.

그다음은 입찰 시간 및 입찰 법정 확인입니다. 입찰은 대부분 오전 시각에 시작하지만, 다음과 같이 간혹 오후 시각에 진행되기도 하니, 경매 사이트에서 시간을 꼭 확인하기 바랍니다.

▲ 법원 이름과 시간 예시

또한, 한 지방법원 안에도 하부에 여러 관할구역의 법원으로 쪼개지기도 하니, 해당 물건의 관할 법원을 잘 확인해서 다른 법원으로 가는 일이 없도록 해야 합니다. 예를 들어, 수원지방법원은 성남, 여주, 평택, 안산, 안양 등 5개의 지법이 존재합니다.

8부

낙찰은 새로운 시작,
점유자 명도 꿀팁

1장

지피지기면 백전백승, 상대방 상황에 따른 명도 협상

우선 점유자 상황별 명도 요령을 알아볼까요? 전부나 일부를 배당 받는 소액 임차인일 경우 법원의 배당을 받기 위해서는 낙찰자의 인 감증명서나 명도확인증이 있어야 배당을 받을 수 있습니다. 이것은 쉽습니다. 반면, 전 소유주(채무자) 혹은 배당 임차인일 경우라면 내용 증명(불법점유이득금)과 강제집행 가능성을 언급하고 추가로 이사비로 협의해서 명도할 수 있습니다.

임차인이 법원에서 일부 배당을 받는 상황이라면(전 소유주, 즉 채무 자는 배당받는 것 없이 명도 대상입니다), 낙찰자의 명도확인서와 인감증명 서를 배당기일(잔금 납부 후 약 한 달 뒤) 이후에 법원에 제출해야 배당금 을 주기 때문에 이것으로 임차인과 협상할 수 있습니다.

```
                      명 도 확 인 서

    사건번호 :
    이   름 :
    주   소 :



    위 사건에서 위 임차인은 임차보증금에 따른 배당금을 받기 위해 낙찰인에게
    목적부동산을 명도하였음을 확인합니다.


    첨부서류 : 낙찰인 명도확인용 인감증명서 1통




                                          년    월    일

                                      낙 찰 인
                                      연 락 처 ( ☎ )
                                      법원          귀중
```

▲ 명도확인서

　주의할 점은 반드시 점유자가 이사한 것을 확인하고 이 서류를 주어야 합니다. 그렇지 않고 미리 점유자에게 서류를 줬다가 점유자가 말을 바꿔 이사를 안 나가면 명도 소송으로 가야 할 수도 있습니다. 또한, 기존에 사는 점유자와 협상할 때 주의할 부분이 있는데 절대로 갑질을 해서는 안 됩니다.

　자칫 점유자의 자존심을 건드려서 감정 싸움이 벌어져 강제집행까지 가게 되면 서로간의 금전적 손해가 커질 수 있습니다. 따라서 예의를 갖추고 집에 있는 분의 사정도 적당히 들어주면서 협상할 것

은 협상하고 무리한 요구는 적당히 거절하면서 원하는 것을 얻는 것이 중요합니다.

저의 경우는 제 이름으로 낙찰을 받아도 다음 사진과 같이 제삼자와 사무관의 이름으로 거주자에게 '우리는 합법적인 명도 절차를 밟고 있다.'라는 느낌으로 압박합니다.

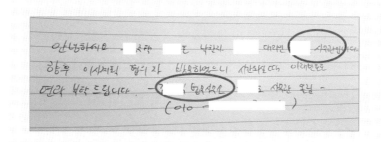

▲ 점유자에게 남기는 메시지의 예시

이렇게 제삼자를 등장시켜야 거주자가 무리한 요구를 할 때 '낙찰자와 상의해 보고 말씀드리겠다.'는 식으로 시간을 벌 수도 있고, 딱한 사정을 얘기할 때도 "사정은 안 됐지만, 저에게는 결정 권한이 없습니다. 낙찰자와 상의해보겠습니다."라고 적당히 선을 그을 수 있습니다.

약간의 팁을 드리면 거주자가 무리한 요구를 한다면, 빨리 나가야 이사비를 드릴 수 있다는 식으로 협의를 하는 것이 좋습니다(물론 스스로 빨리 나간다면 굳이 이사비 얘기를 먼저 꺼낼 필요는 없습니다). 이사비는 딱히 정해진 것은 없지만, 강제집행 비용이 평당 10만 원인 것을 고려해서 본인의 판단하에 적당히 합의하는 것을 추천합니다.

또한, 처음 제시하는 이사 비용 이상으로 협의가 이뤄질 것이기에 처음 제시하는 이사비는 굉장히 중요하고 낮으면 낮을수록 좋기는 합니다. 그렇게 처음에 낮은 금액을 불러 보고 조금씩 양보하는 시늉을 하며 올려주는 것이 점유자를 설득하는 데 효율적입니다.

혹시 거주자가 연락도 안 되고 메모지를 남기고 와도 연락이 없으면 다음 단계로 다음과 같은 양식의 내용증명을 우체국 등기로 보내는 것도 좋습니다.

대부분의 거주자는 내용증명을 받으면 연락합니다. 정말 흔치 않지만, 내용증명까지 보냈는데도 협상이 안 되거나 연락이 안 되면 최후의 수단으로 법원에 강제집행을 신청할 수 있습니다.

강제집행이란 말을 처음 들으면 지레 겁먹을 수 있지만, 법원에서 낙찰자가 원활하게 소유권을 받을 수 있도록 만든 제도이니 하기도 전에 겁먹을 필요는 없습니다. 본인이 직접 하는 방법도 있고, 돈을 주고 법무사에 의뢰하는 방법도 있으니 바쁘거나 하기 어렵다면 일부를 위임하는 것도 좋습니다.

내 용 증 명

일 자 : 2019. 11. 25
수 신 : 인천광역시 미추홀구 주안동   제501호
수신인 : 양   : 님

발 신 : 경기도 성남시 분당구 정자동
발신인 : 강   : 님

제목 : 소유권 이전완료 예정에 따른 불법거주 및 강제집행통고

목 적 물 : 인천광역시 미추홀구 주안동   제501호
[주안동   ]

사건번호 : 인천지방법원 2019 타경

발신인은 2019년 11월 25일 상기 법원에서 진행된 목적 부동산을 낙찰받은 최고가 매수인으로써, 잔금 준비가 완료되어(12월 10일 잔금납부 예정일) 부동산의 예정 소유자입니다.

발신인은 명도등과 관련하여 본 부동산의 경매 매각 이후의 진행상황에 대해 알려드리러 하니 향후 명도 등과 관련한 절차상 착오로 인하여 불이익

▲ 내용증명

2장

명도합의각서와 내용증명은 확실하게 서류로

내용증명이란 발신인이 수신인에게 어떤 문서를 언제 보냈다는 것을 증명해주는 우편 서비스입니다. 흔히, 손해배상청구, 계약 해지 통보 등을 할 때 보냅니다. 법적 효력은 없지만, 이사를 거부하는 점 유자에게 심리적인 압박을 줄 수 있고, 법적 자료로도 쓰일 수 있습니다. 내용증명은 직접 우체국에 방문해서 보낼 수도 있고, 인터넷으로 신청할 수도 있습니다.

직접 보낼 경우에는 우체국에 3부를 준비해서 가면 2부는 각각 발신인과 우체국이 보관하고 나머지 1부는 수신인에게 발송됩니다. 우체국 인터넷 사이트(www.epost.go.kr)를 통해서도 내용증명을 신청할 수 있습니다.

대출받아 잔금을 내는 순간, 다달이 대출 이자가 나갈 것이기에 점유자의 의사 표현을 기다리는 것이 아니라, 내용증명과 인도명령신청을 잔금 납부일에 보내는 것이 좋습니다.

명 도 합 의 각 서

사건번호:

부동산의 표시(주소):

(합의 내용)
임차인 ooo은 oo법원으로부터 배당금을 받기 위해, 낙찰자 겸 소유자 ooo에게 2019년 oo월 oo일 명도확인서를 교부 받기로 하였다. 따라서 현재 임차인 ooo은 아래와 같이 합의하며, 만약 불이행시, 낙찰자 겸 소유자 ooo의 손해에 대하여 전액 보상하기로 하고, 해당 주택 낙찰자 겸 소유자 ooo의 잔금납부일로부터 월 차임을 기산하여 지급하기로 한다.
(1일 기준 10만원) ← (해당 주택 월세 시세에 따라 변경 가능)

1. 임차인은 2019년 00월 00일까지 점유를 이전한다.

2. 임차인은 목적물을 파손하지 않고 유실되지 않도록 하며, 현 상태 그대로 목적물을 반환한다.

3. 해당 주택의 임차인 ooo은 점유 이전 시 임차인 소유의 가전제품, 집기류, 쓰레기 등 완벽하게 이전하기로 한다.

▲ 명도합의각서

3장

인도명령신청은 미리 해놓는 것이 좋다

인도명령이란 잔금을 납부하고 소유권을 취득한 낙찰자가 소유권을 원활히 행사할 수 있도록 법원에서 소유주와 계약 관계가 없는 점유자에게 이사할 것을 명령하는 것입니다. 인도명령 신청은 대출을 중개한 대출상담사나 법무사에게 미리 이야기하면 법원에 서류를 제출하면서 서비스로 진행하니 꼭 하기 바랍니다.

협조적이었던 점유자도 언제든 말을 바꿀 수 있기에 안전장치로 인도명령 신청을 해놓는 것입니다. 향후 강제집행을 하게 될 때 법원에서 보내는 인도명령결정문을 점유자가 받아야 신청이 가능합니다.

인도명령신청의 유효기간은 잔금 납부 후 6개월 안에 신청해야 하며, 통상적으로 인도명령결정문은 신청 후 일주일 안으로 발송됩니다. 점유자가 인도결정문을 받으면 낙찰자는 송달증명원을 발급받아 강제집행을 신청할 수 있습니다. 인도명령의 절차를 요약하면 다음과 같습니다.

▲ 인도명령신청 절차

4장

협상이 안 된다면?
점유이전금지가처분과
강제집행

점유이전금지가처분을 하는 이유

점유이전금지가처분이란 점유자가 마음대로 이사하는 것을 막는 것입니다. 이것이 필요한 이유는 인도명령의 대상이 바뀌는 것을 막기 위해서입니다. 예를 들어, 최초에 A라는 빌라가 경매에 나왔을 때 전입되어 있던 C 씨를 대상으로 인도명령을 했는데, 몰래 이사하고 새로운 D 씨가 들어오게 되면 대상이 바뀌기 때문에 다시 인도명령을 해야 합니다. 그것을 방지하기 위해 점유이전금지가처분을 한다고 생각하면 이해하기 쉽습니다.

부동산점유이전금지가처분 신청서는 법무사에 대행을 맡겨도 되지만, 직접 다음의 채권자, 채무자의 정보만 넣으면 손쉽게 가능합니다.

부동산점유이전금지가처분신청

채권자 ○○○
　　　○○시 ○○구 ○○동 ○○○-○○ (우편번호 ○○○-○○○)
　　　전화·휴대폰번호:
　　　팩스번호, 전자우편(e-mail) 주소:

채무자 ○○○
　　　○○시 ○○구 ○○동 ○○○-○○ (우편번호 ○○○-○○○)
　　　전화·휴대폰번호:
　　　팩스번호, 전자우편(e-mail) 주소:

목적물의 가액의 표시 : 금 ○○○.○○○.○○○원
목적물의 표시 : 별지목록 기재 부동산 중 ○층 ○○○.○○㎡

신 청 취 지

1. 채무자는 별지목록 기재 부동산에 대한 점유를 풀고 채권자가 위임하는 집행관에게 인도하여야 한다.
2. 위 집행관은 현상을 변경하지 아니하는 것을 조건으로 하여 채무자에게 이를 사용하게 하여야 한다.
3. 채무자는 그 점유를 타인에게 이전하거나 또는 점유명의를 변경하여서는 안된다.
4. 집행관은 위 명령의 취지를 적당한 방법으로 공시하여야 한다.
라는 재판을 구합니다.

신 청 이 유

1. 채권자는 별지목록 기재 건물 및 대지의 각 제1번근저당권자인 신청 외 주식회사 ○○은행이 신청한 ○○지방법원 ○○○○타경 ○○○○호 부동산담보실행을 위한 경매사건에 매수신청하여 금 ○.○○○.○○○원에 매수한 뒤, 20○○. ○. ○ 매각대금을 모두 납입함으로써 별지목록 기재 부동산 및 그 대지의 소유권을 취득하였습니다.
1. 채무자는 20○○. ○. ○ 별지목록 기재 부동산의 소유자인 신청외 ○○와 별지목록 기재 부동산에 관하여 전세금 ○○○.○○○.○○○원, 존속기간 20○○. ○. ○ 까지로 하는 전세권설정등기를 마친 전세권자로서 현재 별지목록 기재 부동산을 점유하고 있습니다. 채무자의 전세권은 제○순위 근저당권이 설정된 이후에 전세권설정등기를 마쳤기 때문에 위 경매로 인하여 그 권리가 모두 소멸하였으므로 채무자는 별지목록 기재 부동산을 점유할 권리나 권한인 없는데도 채권자의 명도청구에 응하지 않고 있습니다.
1. 따라서 채권자는 채무자를 상대로 귀원에 건물명도 등 청구의 소를 제기하려고 준비중에 있으나 위 판결 이전에 채무자가 점유명의를 변경한다면 채권자가 나중에 위 본안소송에서 승소판결을 받더라도 집행불능이 되므로 이의 집행보전을 위하여 이 사건 신청에 이른 것입니다.
1. 한편, 이 사건 부동산 점유이전금지가처분명령의 손해담보에 대한 담보제공은 민사집행법 제19조 제3항, 민사소송법 122조에 의하여 보증보험주식회사와 지급보증위탁계약을 맺은 문서를 제출하는 방법으로 담보제공을 할 수 있도록 허가하여 주시기 바랍니다.

▲ 금지가처분 신청서

점유이전금지가처분 신청 방법 및 절차

1. 부동산 점유이전금지가처분 신청서 작성

양식은 경직모 카페에서 다운로드할 수 있습니다.

2. 송달 예납금 입금

　등기부등본, 매각허가결정문, 전입세대열람을 첨부하여 1에서 작성한 부동산점유이전금지가처분 신청서를 관할 법원에 제출하고 송달료를 납부하면 신청이 완료됩니다.

3. 보증보험 보증서 제출

　신청서 제출 후 일주일 전후로 담보제공명령원을 받게 됩니다. 이것을 지참하여 서울보증보험 사무소에 가서 보증서를 발급받아 보험료를 납부하고 법원에 제출합니다.

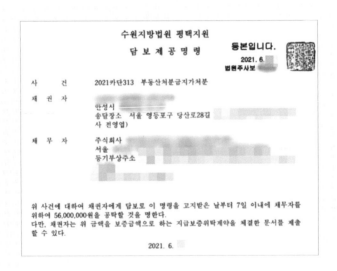

▲ 담보제공명령원

4. 결정문 송달

몇일 안에 결정문을 받게 되면 점유이전금지 강제집행을 신청해야 합니다. 결정문의 효력 기간은 2주이므로 이 기간 안에 신청해야 하며, 송달까지는 최대 일주일 정도 걸립니다.

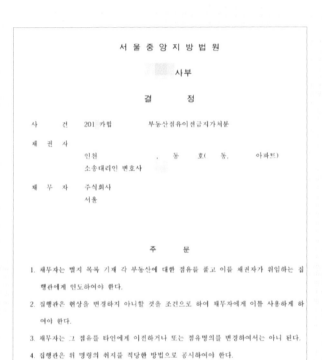

▲ 결정문 송달

5. 점유이전금지가처분 집행

강제집행과 거의 동일한 방식이므로 점유자에게 상당한 압박을 줄 수 있습니다. 집행관, 증인 2명, 신청자 이렇게 총 4명이 열쇠 수리 기사를 대동하여 강제로 문을 열고, 집 내부에 결정문을 부착합니다 (점유자가 순순히 문을 열어줄 경우 직접 전달하면 됩니다). 여기까지 진행되면 대다수의 점유자는 순순히 이사를 할 수밖에 없습니다.

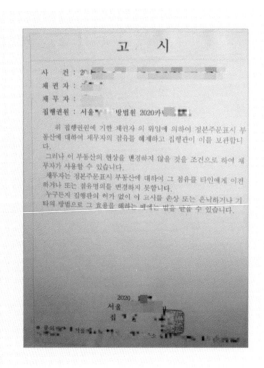

▲ 강제집행고시문

5장

그래도 협상이 안 된다면?
최후의 수단은
강제집행

강제집행은 국가기관 중 하나인 법원이 의무를 이행하지 않는 사람이 그 의무를 강제하도록 하는 절차를 의미합니다. 즉, 경매에서의 강제집행은 점유자가 이사하도록 강제하는 것을 의미합니다.

강제집행을 한다는 것이 지레 겁이 날 수도 있지만, 전혀 그럴 필요가 없습니다. 왜냐하면 낙찰자는 국가기관인 법원에서 공식적으로 진행하는 경매를 통해 소유권을 받은 사람이기에 원활하게 소유권을 이전받도록 법원이 강제집행 제도를 통해 도와주는 것입니다.

강제집행을 한다는 것은 점유자와 수많은 신경전을 벌였다는 것이고, 점유이전금지가처분과 강제집행예고를 통해 강제로 현관문을 두 차례나 열었음에도 요지부동이라는 것입니다. 강제집행을 하게 되면 안에 있는 짐들을 모두 빼내서 컨테이너에 싣게 됩니다.

▲ 강제집행 절차

1. 강제집행 신청

강제집행 신청을 위해서는 앞서 설명한 '송달증명원'과 '인도명령 결정문' 그리고 신분증과 도장이 있으면 됩니다. 준비물을 챙겨서 담당 경매계에 가서 강제집행신청서류를 작성하고 제출하면 됩니다.

2. 현황 조사

강제집행신청이 되면 수일 내에 집행관이 현황 조사를 합니다. 누락된 서류는 없는지 확인한 후, 이상이 없다면 강제집행을 승인합니다.

3. 집행 비용 예납

현황 조사까지 완료되면 집행관 사무원이 집행 비용 접수증을 발급해줍니다. 이 접수증을 가지고 법원 내의 은행으로 가서 예납하고 영수증을 받으면 됩니다.

4. 강제집행 계고

실제 강제집행을 하기 전에 강제집행을 하겠다는 예고를 진행합니다. 이를 강제집행 계고라고 합니다. 법원의 집행관 두 명과 낙찰자 그리고 증인 두 명을 대동해 함께 부동산에 방문해 열쇠 수리기사를 불러 강제로 문을 엽니다. 집행관이 내부의 짐을 살펴보고 강제집행 비용을 대략 가늠합니다. 대부분 여기까지만 진행되어도 점유자는 포기하고 순순히 협상하는 것이 대부분입니다. 그렇지 않은 경우 이제 본 강제집행으로 넘어가게 됩니다.

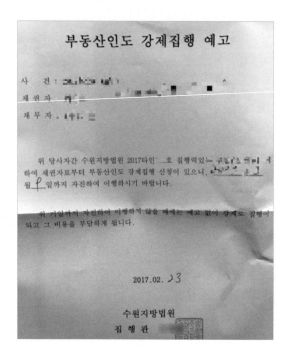

▲ 강제집행 예고문

5. 강제집행 실시

계고까지 했음에도 명도협상이 되지 않으면 강제집행을 신청하면 됩니다. 거의 일어나지 않는 상황이지만, 낙찰자가 소유권을 온전히 받을 수 있는 최후의 수단이니 잘 알아두어야 합니다.

강제집행날짜가 잡히면 계고 때와 같이 집행관 2명, 증인 2명과 낙찰자가 함께 집 앞에서 만납니다. 열쇠 수리기사가 문을 열어주면 집행관이 대동한 인부들이 내부에 있는 짐을 3시간 안에 모두 컨테이너에 실어버립니다. 이 컨테이너는 물류보관센터에 보관되며, 먼저 낙찰자가 3개월 치 보관료를 예납하여야 합니다. 점유자가 법원에서 배당받을 것이 있다면 청구할 수 있지만, 현실적으로는 쉽지 않습니다.

▲ 강제집행 현장

(출처: https://url.kr/uemvr9)

다시 한번 강조하지만, 이 강제집행을 너무 두려워하지 말기 바랍니다. 전체 100 중에 1~2번 일어날까 말까 한 것이 강제집행입니다. 반대로 얘기하면 나머지 99는 무난하게 이사 비용을 받고 나간다는 이야기입니다. 100 중에 1을 두려워하여 아무것도 못 하지 않도록 합시다.

▶ 요약 ⊕ 정리 ◀

1. 명도(점유자를 이사하게 하는 것)에 있어서 중요한 점이라면 상대방의 입장을 알고 접근하는 것입니다. 상대방이 필요한 것을 제공할 수 있다면 우리가 원하는 것도 제안할 수 있겠죠.

2. 점유자와의 각종 협의 내용은 녹취, 문자 전송을 통해서 자료로 남겨 놓는 게 좋습니다. 언제 상대방이 말을 바꿀지 모르기 때문이죠.

3. 협의가 완료되었다 하더라도 만일을 대비해 인도명령신청과 내용증명을 보내는 것이 좋습니다. 협의한 것에 대해 점유자가 마음을 바꾸는 것을 막을 수 있기 때문이죠.

4. 흔하진 않지만, 마무리 짓지 못할 때는 강제집행을 신청해야 합니다. 절대 어렵지 않으니 절차대로 따라 하길 추천합니다(강제집행도 경험해봐야 향후 다른 경매 물건에서 어려움이 생길 때 그때의 강제집행 경험이 든든한 버팀목이 될 것입니다).

1%의 상황이 두려워서 경매 투자를 못 한다?

부동산 경매를 못 하는 가장 큰 이유가 아주 부정적인 1%의 사례들 때문입니다. 나머지 99%의 경우는 전혀 문제가 없는데도 말이죠. 뉴스에 나오는 강제집행, 경매로 인한 점유자와의 법적 다툼 등입니다. 저도 많은 경매 투자와 명도를 진행했지만, 대부분 적절하게 이사비를 드리고 원활하게 명도가 진행되었습니다. 또한, 주변에 경매를 꾸준히 하는 분들을 봐도 강제집행까지 가는 경우는 거의 없습니다. 물론 소송도 당연히 없고요.

그런데도 경매를 해보지 않은 분에게 경매에 관해 물어봤을 때 미디어에서 나왔던 이런 부정적인 이미지의 답변이 돌아오곤 합니다. 바로 뉴스와 같은 미디어에서는 이런 아주 희귀한 사건을 다루고, 경매를 하지 않아본 분은 이것을 통해 경매를 알게 되기 때문이죠.

저는 이러한 선입견이 진입장벽이 되어서 아무나 경매 시장에 들어오지 못한다고 생각합니다. 그리고 개인적으로 이 선입견은 계속되었으면 좋겠다는 마음이 큽니다. 그래야 저를 포함해서 이 책을 읽고 경매를 실천할 분이 좀 더 약한 경쟁 속에서 좋은 가격으로 낙찰을 받을 수 있기 때문이죠.

비단 경매뿐 아니라, 더 넓은 범위의 부동산 투자도 마찬가지입니다. 정부와 미디어는 우리를 위해 절대 부동산 가격을 예견해주지 않습니다. 그동안 계속 집값을 잡겠다고, 곧 잡는다고 25회 이상 규제했지만, 돌아온 건 역대 최고가의 집값 상승이었습니다. 결국, 가장 큰 피해를 본 것은 미디어와 정부의 말을 믿고 집을 팔아 전세나 월세로 들어간 세입자들입니다. 정말 안타깝습니다. 애초에 집값이 정말 떨어질 거라면 사실 규제를 할 필요도 없었을 겁니다.

정리하자면, 미디어나 뉴스에서는 주변에서 흔하게 일어나지 않는 자극적인 사건을 다루기에 일단 우리 주변에서 흔히 일어날 일인가를 다시 한번 생각해볼 필요가 있습니다. 만일 그렇지 않다면, 우리는 굳이 그것이 무서워서 실행하지 않을 이유가 없습니다.

만에 하나 미디어에서 나온 사건(강제집행, 점유자 연락 두절 등)이 우리 앞에 일어나더라도, 먼저 그것을 경험한 분에게 찾아가서 조언을 구하고 해결해 나가면 됩니다. 처음 겪는 상황에 당황스럽고 힘들겠지만, 해결하고 나면 여러분들은 투자자로서 엄청나게 성장해 있을 것입니다.

9부

더 많은 수익을
올리기 위한
인테리어 및 계약 방법

1장

인테리어는
비용이 아니라
투자다

인테리어는 단순히 비용이라고 생각하는 분들이 많습니다. 하지만 인테리어는 자산 가치 상승의 도구입니다. 지금부터 제가 처음 낙찰받았던 화곡동 빌라의 이전과 인테리어를 통해 달라진 이후 모습을 통해 인테리어의 중요성을 설명하겠습니다.

▲ 화곡동 빌라의 이전 모습

　해당 빌라는 2018년 6월에 1.23억 원에 낙찰받은 뒤, 2년 동안은 기존 점유자와 재계약을 하며 월세를 받았습니다. 세입자가 이사한 뒤 2020년 8월에 500만 원을 들여 위와 같이 수리하고 1.75억 원에 전세를 놓았습니다. 만일 제가 인테리어를 하지 않았다면 전세 1.75억 원을 받을 수 있었을까요? 아마 1.5억 원도 받기 어려웠을 겁니다.

　이처럼 집에 돈을 들여 인테리어를 하면 빠르게 계약도 되지만, 가격도 인테리어 비용의 몇 배 이상으로 받을 수 있습니다. 투자자 입장에선 반드시 해야 하는 과정이라고 생각합니다. 그렇다면 인테리어를 잘한다는 것은 무슨 의미일까요?

▲ 화곡동 빌라의 이후 모습

우리가 실제로 거주하는 집이라면 돈이 들더라도 가장 좋은 제품으로 인테리어를 하는 것이 최고의 선택지가 될 수 있습니다. 반면 투자자 관점에서 소유한 부동산을 전·월세를 주는 상황에서 인테리어를 한다는 것 자체가 최소의 비용으로 최대의 효과를 내는 것이라고 생각합니다. 인테리어를 한 것 자체가 중요하지, 외관상 깔끔하다면 고가의 제품인지 저가의 제품인지는 전·월세 및 매매 가격에 크게 영향이 없기 때문입니다.

낙찰받은 집의 인테리어를 잘하기 위해서는 첫 번째, 본인이 어디서부터 어디까지 인테리어를 해야 할지 기준을 잡고 있어야 합니다. 그렇지 않고 시작부터 인테리어 업자에게 문의하면 그분들은 최대한 많이 수리하는 쪽으로 유도할 것이기 때문이죠. 수리가 필요한 곳은 향후 견적을 받을 때를 대비해서 사진으로 남겨놓는 것이 좋습니다. 사진을 같이 보내야 정확한 견적이 나오기 때문이죠.

두 번째는 인테리어는 인건비가 60% 이상을 차지하기 때문에 본인이 손재주가 있으면 직접 인테리어를 하는 것도 좋다고 생각합니다. 또한, 한번 익혀 놓은 간단한 인테리어는 사라지는 것이 아니라 부동산 개수를 늘려갈 때도 유용하게 쓰일 거라 생각합니다.

세 번째는 시간이 들더라도 최대한 견적을 많이 받는 것을 추천합니다. 견적을 많이 받을수록 싸고 품질 좋게 인테리어를 할 확률이 높아지고, 좋은 인테리어 업자를 만날 확률이 높아집니다. 구체적인 방법은 다음 장에서 설명하겠습니다.

2장

저비용, 고효율의
인테리어 꿀팁

인테리어 견적을 받기 위해 온라인 견적사이트 게시판에 수리가 필요한 부분의 사진만 찍어서 올리면 편리하게 견적을 받을 수 있지만, 쪽지를 보내온 업자가 실력이 있는 사람인지 알기 어려운 점이 있습니다. 그래서 저는 그동안의 인테리어 실적이나 운영하는 블로그를 알려달라고 합니다.

▲ 박목수의 열린견적서

한 예로 박목수의 열린견적서는 해당 사이트에서 인증을 받은 업체만 고객들에게 견적을 줄 수 있어 신뢰도가 높습니다. 또한, 업체명이 아닌 '경기 31호', '서울 21호' 등의 명칭을 부여하여 플랫폼의 외부에서 고객에게 연락하는 것을 방지하고 있습니다. 단, 박목수의 열린견적서에 올라오는 업체들은 주로 아파트 올 리모델링 같은 고가의 리모델링 공사를 주로 하고 있습니다.

플랫폼의 이름이 박목수의 열린견적서인 이유는 말 그대로 누구나 견적서를 열람하여 어떤 항목에서 얼마만큼의 비용이 나왔는지 투명하게 알 수 있다는 의미로 이렇게 이름을 지었다고 합니다.

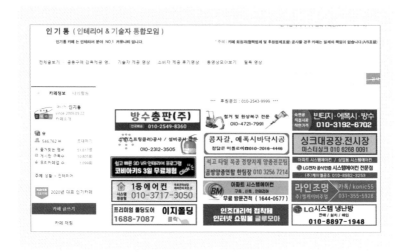

▲ 인기통

    인기통(인테리어&기술자 통합모임)은 제가 주로 사용하는 인테리어 업자들에게 견적받는 웹 사이트입니다.

    위의 예시와 같이 인테리어가 필요한 부분, 부동산의 위치, 크기(가로×세로×높이), 가능한 일정, 현재 사진, 예산, 벤치마킹할만한 결과물과 함께 게시물을 남기면 인테리어 업자들이 쪽지로 대략적인 견적을 알려줍니다.

    이 중에서 가장 최저가를 적어낸 인테리어 업자들 위주로 선정하면 되는데, 무조건 최저가만 찾다 보면 결과물의 완성도가 떨어지고, 제대로 된 실력을 갖춘 업자인지 알 수 없을 수도 있습니다. 그래서 저는 최저가를 적어낸 세 분을 선정하여 이 중에서 그동안의 실적이나 작업 이력을 블로그나 개인 홈페이지에 적어온 분들 위주로 선정

하는 편입니다(인테리어가 잘못되면 돈도 많이 들어가지만, 정신적으로도 정말

스트레스를 받습니다).

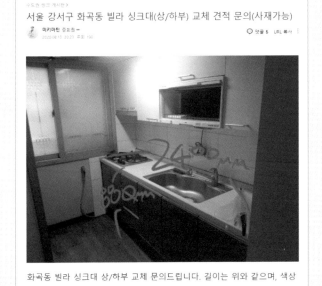

▲ 인기통 견적 문의 예시
(출처: https://url.kr/kl23s6)

　　다른 방법으로 해당 부동산 주변의 인테리어 업자를 직접 검색해

서 연락하는 방법이 있습니다. 네이버 지도에 부동산 주소를 찍은 뒤,

필요한 인테리어의 명칭을 씁니다(예: 싱크대, 화장실 수리 등). 주변의 인

테리어 업자를 부르면 가까운 곳에서 오기에 출장비를 아낄 수 있는

장점이 있습니다. 부동산 주변의 인테리어 업자는 온라인 견적으로 대략적인 가격대를 파악한 뒤에 연락하길 추천합니다. 아무것도 모르고 연락하면 업자가 높은 가격을 불러도 그것이 비싼 것인지 모를 수 있기 때문입니다.

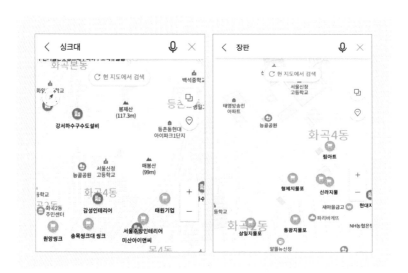

▲ 싱크대와 장판 검색

위 네이버 지도를 통해 화곡4동에서 싱크대와 장판을 검색해서 노란색 부분을 누르면 해당 업무를 진행하는 인테리어 업자들의 연락처를 볼 수 있습니다.

또 다른 방법으로는 주변 공인중개사의 추천을 받는 방법이 있습니다. 추천받는 것이기에 어느 정도 실력은 보장된다는 장점이 있지만, 마찬가지로 어떤 실적이 있고, 얼마나 실력이 있는 분인지 모른다는 단점도 있습니다.

마지막으로는 제가 최근에 이용하는 당근마켓에서 지역 업체를 찾는 것입니다. 다음의 당근마켓 앱에서 왼쪽부터 순서대로 진행하면 업체를 확인할 수 있습니다.

▲ 당근마켓 도배 검색 결과

하단 카테고리 클릭 → 지역업체소개 → 원하는 키워드 검색(예: 도배) → 주변 동네 인테리어 업자 리스트(실적과 후기도 함께 확인 가능합니다)

추가로 비용을 아끼려면 부분별로 다른 업자에게 견적을 요청하면 좋습니다. 인테리어 사무실에 올 리모델링을 맡기면 편리하다는 장점은 있지만, 비용이 굉장히 비싸다는 단점이 있습니다. 어떤 것을 선택할지는 본인의 판단입니다(저는 투자금이 많지 않아 각각 따로 견적을 받아 저렴한 견적의 업체에 맡겼습니다).

다음은 제가 최근에 용인시에 있는 한 빌라를 6,500만 원에 낙찰받아서 450만 원으로 인테리어를 하고 8,000만 원으로 전세를 세팅한 빌라입니다(모든 비용을 다 빼고도 800만 원이 남았습니다). 수리 항목을 보면 알겠지만, 하나하나 발품 팔아서 했기에 꽤 저렴하게 했다는 것을 알 수 있습니다. 비용을 절약해야 묶인 투자금이 적어지기에 수익률도 당연히 올라가겠죠? 이 수리를 올 리모델링으로 인테리어 업체에 맡겼으면 1,000만 원은 우습게 나왔을 것입니다.

▲ 용인시 빌라 이전 모습

▲ 용인시 빌라 이후 모습

내역	비용
문 따기	18만 원
도배 및 페인트	80만 원
화장실 올 리모델링	160만 원
배관 청소	20만 원
쓰레기 철거 비용	70만 원
싱크대 시트지(당근마켓)	10만 원
이사 청소(부동산 사장님 추천)	40만 원
커튼 시공(인근 커튼 업체)	30만 원
조명 및 인건비	20만 원
합계	448만 원

▲ 용인시 빌라 인테리어 비용

인테리어에 들어간 상세 항목은 위의 표와 같으며, 특히, 당근마켓 동네 소식을 통해 부업으로 시트지 시공을 하는 분에게 싱크대 시트지 작업을 부탁하여 아주 저렴한 비용으로 했습니다(10만 원). 이것을 업자에게 부탁했으면 80만 원 이상은 달라고 했을 것입니다. 또한, 조명도 직접 구매하여 도배하는 분에게 같이 설치를 부탁하였습니다 (개당 1만 원의 수고비를 받고 설치해줍니다).

효율적인 리모델링 순서

집 내부를 리모델링하는데 있어서 순서도 굉장히 중요합니다. 보통은 다음과 같은 절차대로 하면 공정별로 간섭되는 것 없이 잘 마칠 수 있습니다(큰 공사부터 점차 작은 공사로 한다고 생각하면 수월합니다). 수리가 필요 없는 공정은 건너뛰면 됩니다.

샷시 교체→화장실 또는 싱크대/신발장 수리→도배, 조명→장판→이사 청소

보통은 싱크대 교체 작업을 하는 분들이 신발장도 묶어서 진행하고, 도배하는 분이 서비스로 조명 작업도 해줍니다. 물론, 조명은 미리 구매해야 합니다. 모든 공정이 마무리되면 가장 마지막에 이사 청소를 함으로써 세입자를 맞을 준비를 마칩니다.

3장

빠르게 계약되도록
매물 내놓는 방법

세입자 빨리 들이는 방법

일단 기본적으로 인테리어는 무조건 깔끔하게 되어 있어야 하고, 벽지 장판의 색깔은 밝은 색이 좋습니다. 인테리어를 모두 마친 뒤, 해가 밝은 날 내부를 최대한 밝고, 넓어 보이게 촬영합니다. 그 사진을 가지고 온라인 부동산 사이트 및 공인중개사들에게 전달하도록 합니다.

요즘 많은 세입자가 인터넷에 올라와 있는 실제 내부 사진을 보고 연락하기 때문에 이렇게 밝고 넓어 보이며 깨끗한 내부 사진이 올라온 매물은 기본적으로 세입자의 호감을 살 수 있습니다. 하지만 여전히 큰돈이 오가는 것이기에 대다수의 거래 성사는 인터넷보다는 공인중개사를 통해서 이루어집니다. 그러니 공인중개사에게 매물을 내놓는 것에 가장 신경 써야 합니다.

▲ 인테리어 포인트

위의 빨간 네모 표시와 같이, 다이소에서 1만 원이면 구매할 수 있는 카펫/슬리퍼/디퓨저를 구매해 놓고 비치해두면 집을 보러 오는 사람들이 시각적, 후각적으로 좋은 첫인상을 가질 수 있습니다. 세입자를 맞을 준비가 되었다는 인식을 줄 수 있기 때문입니다.

추가로, 빠르게 세입자를 만나기 위해서는 매물을 최대한 많은 곳에 내놔서 집을 찾는 사람들에게 최대한 많이 노출해야 합니다. 낚싯대(매물)를 많이 걸어 놔야 물고기(임차인)를 빨리 잡을 수 있는 것과 같습니다. 그러면 집을 어디에 내놓는 것이 좋을까요?

첫 번째는 공인중개사무소입니다. 많은 분이 온라인이나 앱으로 매물을 찾기도 하지만, 여전히 대다수는 공인중개사에게 매물을 문의합니다. 그러니 공인중개사에게 최대한 매물을 많이 등록해야 합니다.

특히, 인근 부동산에 내놨는데 일주일 이상 계약 소식이 없다면 점차 넓혀가면서 옆 동네, 윗동네에 있는 공인중개사에게도 내놓는 것이 좋습니다. 세가 빨리 안 나가면 대출 이자나 여러 비용이 들어가지만, 공인중개사에게 매물을 내놓는 것은 3분이면 되기 때문입니다. 실제로 계약을 성사시켜주는 것이 꼭 인근 부동산만 되는 것은 아닙니다. 의외로 멀리 있는 부동산에서 계약을 성사시켜주기도 하니 마냥 기다리지 말고 최대한 매물을 많은 곳에 돌리길 추천합니다.

두 번째로는 부동산 매물을 찾는 앱이나 커뮤니티입니다.

▲ 네이버 부동산

▲ 피터팬의 좋은방 구하기

▲ 직방

종류로는 네이버 부동산, 피터팬, 직방, 다방 등이 좋습니다. 이 중에서도 피터팬은 특히 개인이 매물을 내놓을 수 있고, 피터팬 네이버 카페와 네이버 부동산으로도 매물 광고 연동이 가능합니다(원래, 네이버 부동산은 업자만 매물 등록이 가능합니다만, 피터팬을 통해 개인도 등록할 수 있습니다).

세 번째로는 동네 커뮤니티 사이트입니다. '~맘 카페', '~동 엄마들 모여라'처럼 동네 사람들끼리 만나는 커뮤니티 카페가 있습니다. 그곳을 통해서도 매물을 내놓을 수 있습니다.

만약, 이 세 가지 방법을 다 썼는데도 거래가 안 되면 마지막으로는 전단을 돌리는 방법이 있지만, 시간이 많이 소요되어 권하지는 않습니다.

1~3번째 방법으로도 안 되면 다른 문제가 있을 수 있으므로(예를 들면, 인테리어가 좋지 않거나, 집에 해가 안 드는 것 등), 원인을 찾고 옵션(냉장고, 에어컨, 세탁기 등)을 제공함으로써 임차인의 호감을 살 수도 있습니다.

최근에 많은 온라인 부동산 중개플랫폼이 생겨났지만, 큰 금액이 오가는 만큼 여전히 대부분은 공인중개사를 통해서 계약되고 있습니다. 그러니 중개 수수료를 아끼려고 온라인에 올리는 것을 고집하기보다는 공인중개소에 매물을 등록하는 데 더 힘을 쓰면 좋겠습니다.

등록만 하는 게 아니라, 반드시 광고가 잘 되고 있는지 일주일에 한 번씩은 문자를 돌려 확인하기 바랍니다. 간혹가다 바쁜 공인중개사들은 메모를 누락하기도 하고, 전산에 등록하는 걸 빠뜨리기도 합니다. 그리고 세가 왜 안 나가는지, 집주인이 개선할 것은 없는지 계속 피드백을 받아야 합니다. 그렇게 집주인이 적극적으로 나서야 공인중개사들도 적극적으로 물건을 중개해줍니다.

또한, 에어컨, 세탁기, 냉장고 같은 옵션을 제공하는 것을 너그럽게 생각하면 좋겠습니다. 중고 가전제품을 찾아보면 생각보다 가격이 비싸지 않습니다. 계약만 빨리 될 수 있다면 적은 비용을 아낄 필요는 없습니다.

4장

계약서에
명시할 사항

저는 임차인을 맞춰서 계약서를 쓰기 전에 다음 페이지와 같이 공인중개사에게 문자를 보내서 계약서에 명시할 사항에 대해 다시 한번 강조하는 편입니다. 그래야 누락되는 부분 없이 특약사항을 챙길 수 있고, 공인중개사에게 밉보이지 않을 수 있기 때문입니다.

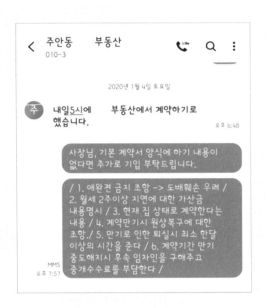

▲ **공인중개사에게 보내는 문자 예시**

첫 번째로는 애완견 금지에 관한 내용입니다. 이 내용을 쓰는 이유는 집을 험하게 쓰는 것을 방지하기 위함입니다. 수요가 충분하다면 금지해도 되고, 수요가 불충분하다면 애완견이 훼손해 놓은 도배, 장판 등을 원상복구하는 조건으로 계약하면 됩니다.

두 번째는 월세 지연에 대한 이자 청구의 명시입니다. 이 부분이 누락되는 경우가 많은데 최악의 상황에 법적 다툼이 생기더라도 이 문구를 안전장치로 계약서에 넣어야 보호받을 수 있습니다.

세 번째로는 현 상태로 계약한다는 내용입니다. 그렇게 해야만 세입자가 입주해서 이것저것 고쳐 달라고 하지 않습니다. 주인 입장에서는 '그런 부분을 미리 계약 전에 확인을 안 했나?'라는 식으로 할 말이 생깁니다.

네 번째는 계약 만기 때 원상복구에 대한 조항입니다. 이 부분은 집을 함부로 쓰는 것을 방지하기 위해 적어 놓는 문구입니다. 실제로 계약 만기 때 집 내부를 확인하여 손상된 부분은 보증금에서 차감해서 돌려주면 됩니다. 이 부분을 공인중개사에 위임하면 대충 볼 소지가 있으니 제 돈이 걸린 만큼 저는 직접 가서 확인하는 편입니다.

다섯 번째는 계약 만기 전에 후속 임차인을 구할 시간으로 최소 한 달은 보장해 주는 것입니다. 살고 있는 임차인이 갑자기 다음 주에 나간다고 하면, 큰 액수의 보증금을 집주인이 돌려줘야 하므로 그 리스크를 최소화하는 것입니다. 집주인 입장에서는 다음 세입자에게 보증금을 받아 현 세입자에게 주는 것이 가장 보편적이고 안전합니다.

여섯 번째는 계약 기간 전에 이사할 시, 부동산 중개료와 임차인을 맞출 때까지는 거주한다는 약정입니다.

당연한 내용일 수 있어서 공인중개사에게 위임할 수도 있지만, 이 것들을 계약서에 명시해 달라고 해야 부동산에서도 임차인과 집주인을 만만히 보지 않고 계약 기간 큰 분쟁이 없을 것입니다. 또한, 세입자도 이 집주인이 그렇게 호락호락한 사람은 아니란 걸 느낄 것이기에 연락할 때 한 번 더 생각하고 연락할 것입니다.

그래야 우리 본업에 지장을 받지 않으면서 월·전세를 세팅할 수 있습니다(집주인을 만만하게 보고 계속 뭐 고쳐 달라, 뭐 해달라고 하면 본업에 상당한 지장을 받을 수도 있습니다).

▲ 월세 계약서 예시

5장

만만하지 않은 집주인이 되기 위해 알아야 할 것

처음에 계약한 임차인과의 관계가 좋아야 계약 기간(보통 2년) 동안 여러분이 편하게 보낼 수 있습니다. 여러분이 처음부터 임차인이 요구하는 것을 다 들어주다 보면, 고마워하기보다는 호의를 당연시하고 점점 사소한 것까지 요구할 수 있습니다. 그래서 웬만한 요구는 바로 들어주기보다는 비용을 최소한으로 할 수 있는 방안을 찾아보라고 말씀드리고 싶습니다.

물론, 집주인으로써 '거주하는 데 있어 문제가 되는 것'은 빠르게 조치해야 합니다. 대표적인 것으로 보일러 고장, 유리창 깨짐, 배관 막힘 등이 있을 수 있습니다.

반면, 저는 최근에 제가 소유하고 있는 한 빌라 임차인으로부터 방충망에 구멍이 뚫렸으니 바꿔 달라는 연락을 받았습니다(교체 비용 약 6만 원). 저는 어떻게 했을까요? 다이소에서 방충망 보수제를 사서 처리하였습니다. 임차인이 요구했던 건 전체 보수였지만, 1,800원에 해결했습니다. 또한, 다른 집은 아직 디지털 도어락이 아닌 열쇠로 된 집인데, 디지털 도어락으로 바꿔 달라는 연락을 받았습니다.

하지만 이것은 바꿔주지 않았습니다. 이것은 '편리성'과 관련된 것이기 때문이죠. 열쇠라고 해서 집 문이 안 열리는 것은 아니지요? 그래서 저는 세입자가 설치하고 나중에 이사할 때 떼서 가져가라고 안내했습니다.

이런 식으로 고쳐 달라는 대로 다 고쳐주지 말고 어떻게 하면 저렴하게 해줄 수 있는지, 꼭 필요한 것인지 생각해보고 조치하면 비용을 절감할 수 있습니다.

또한, 임차인에게 오는 연락을 바로 받을 필요는 없습니다. 정말 급하면 문자로 남길 것이고 집주인은 바쁘다는 것을 계속 보여줘야 임차인도 조심스럽게 연락할 것입니다. 그래야 우리의 본업이 피해를 받지 않습니다.

다시 말씀드리지만, 여러분의 본업에 피해를 받지 않으면서 남는 시간에 지속적인 경매 투자가 필요합니다. 그러려면 이런 사소한 연락도 최소로 유지되게 해야 합니다. 사실, 사소한 연락이 더 신경 쓰일 때가 많습니다. 즉, 집주인으로써 꼭 해줘야 하는 조치는 하되, '편리성'과 관련된 것에 대해서는 신중할 필요가 있다는 메시지로 이해하면 됩니다.

▶ 요약 정리 ◀

1. 인테리어를 비용이라고 생각하지 말고 투자의 일종이라 생각하세요. 매매 또는 전세, 월세를 둘 때 인테리어를 하면 인테리어 비용 이상으로 가격을 받을 수 있습니다.

2. 인테리어 비용을 저렴하게 하려면, 최대한 많은 발품을 팔아 가격을 비교하는 게 좋습니다. 또한, 전체 리모델링을 인테리어 업자에게 맡기는 것보다는 부문별로 작업을 하는 게 저렴합니다.

3. 빠른 계약을 위해서는 집이 최대한 밝아 보이도록 밝은 색 도배지와 장판을 사용하고, 빛이 잘 들어오는 날 사진을 촬영합니다. 그 후에 인근에 최대한 많은 공인중개사에게 사진을 돌려 매물을 내놓습니다. 당연히 피터팬 좋은방 구하기와 같은 무료 매물 등록 플랫폼을 이용해도 좋습니다.

4. 임차인과 계약 후에 임차인의 요구사항 중에서 필수로 해줘야 하는 것들(보일러 고장, 유리창 깨짐, 누수 등)과 그렇지 않은 것들(도어락 교체, 싱크대 교체 등)을 구분할 필요가 있습니다. 당연히 거주하는 데 있어서 문제가 되지 않는 것들은 스스로 하게끔 유도하는 게 향후 무리한 요구를 사전에 방지할 수 있습니다.

빌라, 오피스텔을 장기 보유할 거라면
우선 주택임대사업자 등록부터

많은 분이 부동산 투자를 망설이는 이유 중의 하나는 바로 부동산에 붙는 세금 때문일 것입니다. 특히, 부동산을 여러 채 가진 다주택자들은 보유하면서 내는 세금이 상당히 부담되는 것이 사실입니다. 만일 여러분이 저처럼 부동산을 여러 채 매입할 계획이 있고, 단타 매도를 하지 않을 것이라면 주택임대사업자로 등록하는 것을 검토하기 바랍니다.

현재 시점에는 아파트 주택임대사업자는 폐기되었고, 빌라/오피스텔/다가구는 등록할 수 있습니다. 또한, 주택임대사업자로 등록한 물건은 10년 이상 보유해야 하는 의무를 지지만, 그에 따라 보유세(재산세)와 양도세 혜택을 줍니다.

자세한 의무와 혜택은 아래 웹 주소에서 확인하기 바랍니다. 이 부분도 대출과 마찬가지로 매년 바뀌기 때문에 여러분이 등록하는 시점에 어떤 혜택과 의무가 있는지 반드시 재확인하는 습관을 가져야 합니다.

- 임대사업자 등록 절차: https://www.renthome.go.kr/webportal/cont/rgstProcssGdncView.open
- 임대사업자의 의무: https://www.renthome.go.kr/webportal/cont/dutyMttrGdncView.open
- 임대사업자의 혜택: https://www.renthome.go.kr/webportal/cont/rgstBenefitGdncView.open

부동산 경매에
필요한 상식

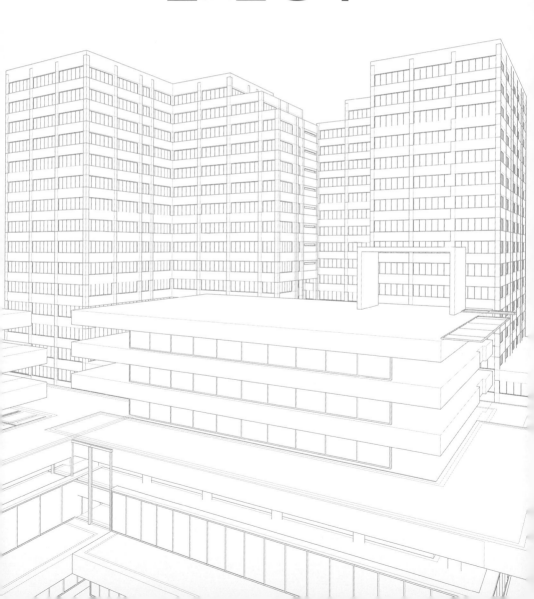

1장

보증금 날린
미납 사례 분석

이번 장에서는 잘못된 입찰로 큰 보증금을 날린 사례를 소개합니다. 크게 권리분석 오류로 인한 잔금 미납, 시세 조사 오류로 인한 잔금 미납, 입찰가 작성 오류로 인한 잔금 미납 이렇게 세 가지로 나눌 수 있습니다.

권리 분석 오류로 인한 잔금 미납

▲ 권리 분석 오류로 잔금을 미납한 사례

위 사례를 보면, 박○○ 님이 단독으로 161,100,000원을 써서 낙찰되었습니다. 하지만 이후 잔금을 내지 못했습니다. 왜일까요? 대항력 있는 임차인인 박○○ 님은 얼핏 보기에 배당받기 위한 모든 조건을 갖춘 걸로 보입니다. 전입신고, 확정일자, 배당신고 모두를 했기 때문이죠. 하지만 배당신고 날짜(2018년 6월 20일)를 보면 배당종기일(2018년 5월 14일) 이후에 했습니다. 이렇게 배당종기일보다 늦게 배당신고를 하면 법원에서는 한 푼도 배당해주지 않습니다.

박〇〇 님은 대항력이 있기에 이렇게 법원에서 못 받은 보증금 전액을 낙찰자에게 요구할 권리가 있습니다. 즉, 낙찰자인 박〇〇 님은 낙찰 금액 1.61억 원에 1.3억 원의 보증금 인수로 2.91억 원에 집을 매수해야 하는 것이지요. 심지어 인수된 금액은 담보대출도 안 되겠죠? 결국, 입찰보증금 1,520만 원을 포기하고 잔금을 미납한 안타까운 사례입니다.

시세 조사 오류로 인한 잔금 미납

대구지방법원 서부지원	대법원바로가기	법원안내		가로보기	세로보기	세로보기(2)
2019 타경 5069 (임의)			매각기일 : 2020-05-12 10:00~ (화)		경매3계 053-570-2303	

소재지	(42960) 대구광역시 달성군 화원읍 명곡리 112 명곡미래필1단지 제110동 제4층 제401호

용도	아파트	채권자	옥〇〇〇〇〇〇	감정가	222,000,000원
대지권	42.1458㎡ (12.75평)	채무자	김〇	최저가	(100%) 222,000,000원
전용면적	84.34㎡ (25.51평)	소유자	이〇	보증금	(20%)44,400,000원
사건접수	2019-07-17	매각대상	토지/건물일괄매각	청구금액	182,294,636원
입찰방법	기일입찰	배당종기일	2019-10-02	개시결정	2019-07-18

기일현황

회차	매각기일	최저매각금액	결과
신건	2020-02-11	222,000,000원	매각
신〇〇/입찰7명/낙찰291,500,000원(131%) 2등 입찰가 226,320,000원			
	2020-02-18	매각결정기일	허가
	2020-03-31	대금지급기한	미납
신건	2020-05-12	222,000,000원	매각
/입찰7명/낙찰231,002,000원(104%)			

▲ 시세 조사 오류로 잔금을 미납한 사례

위 사례는 시세 조사를 잘못해서 낙찰받은 사례입니다. 가장 흔하게 저지르는 실수이지요. 그래서 저는 수강생들에게 항상 시세 조사를 강조하는 편입니다.

낙찰금액 2.915억 원과 2등과의 금액(2.2632억 원) 차이를 보면 무려

6,518만 원입니다. 결국 낙찰자인 신○○ 님은 입찰보증금 2,220만 원을 포기하는 게 시세보다 6,000만 원가량 비싸게 산 것보다 낫다고 생각했기에 보증금을 포기했습니다.

입찰가 작성 오류로 인한 잔금 미납

| 의정부지방법원 고양지원 | 대법원바로가기 | 법원안내 | | 가로보기 | 세로보기 | 세로보기(2) |

2019 타경 64487 (임의)　　매각기일 : 2020-05-27 10:00~ (수)　　경매10계 031-920-6322

소재지	(10371) 경기도 고양시 일산서구 일산동 1057 후곡마을아파트 제802동 제8층 제802호		
	[도로명] 경기도 고양시 일산서구 후곡로 9, 제802동 제8층 제802호 [일산동 1057 후곡마을아파트]		
용도	아파트	채권자	에○○○○○○	감정가	520,000,000원
대지권	81.965㎡ (24.79평)	채무자	이○	최저가	(70%) 364,000,000원
전용면적	134.88㎡ (40.8평)	소유자	박○	보증금	(20%)72,800,000원
사건접수	2019-05-28	매각대상	토지/건물일괄매각	청구금액	448,929,065원
입찰방법	기일입찰	배당종기일	2019-08-26	개시결정	2019-05-31

기일현황　▼ 간략보기

회차	매각기일	최저매각금액	결과
신건	2020-01-08	520,000,000원	유찰
2차	2020-02-12	364,000,000원	매각

이○○/입찰14명/낙찰4,337,900,000원(834%)
2동 입찰가 :533,980,000원

| | 2020-02-19 | 매각결정기일 | 허가 |
| | 2020-03-31 | 대금지급기한 | 미납 |

▲ 입찰가 작성 오류로 잔금을 미납한 사례

　위 사례는 입찰가를 잘못 작성하여 보증금 3,640만 원을 날린 안타까운 사례입니다. 입찰기일표에는 다음 페이지와 같이 금액을 쓰는 칸이 왼쪽부터 천억~일까지 이루어져 있습니다. 즉, 숫자를 왼쪽으로 1칸씩만 밀리면 10배의 가격이 되는 구조입니다.

　낙찰자인 이○○ 님은 4억 3,379만 원을 썼어야 했는데, 왼쪽으로 숫자를 한 칸씩 밀리면서 43억 3,790만 원으로 잘못 쓴 것으로 판단됩니다.

▲ 입찰가 기입의 예

경매법정에는 입찰하는 사람만 오는 것이 아니라, 채무자나 채권자 등 이해관계자들도 와서 누가 물건을 낙찰받아가는지 봅니다. 또한, 집행관도 앞에서 계속 정숙을 요청하기에 처음 경매법정에서 이런 큰 금액의 물건을 입찰할 때는 떨릴 수밖에 없습니다. 그 때문에 평소에 하지 않던 실수를 저지르기도 하지요.

그래서 저는 수강생이 실전에서 실수하는 것을 방지하기 위해 주기적으로 경매법정 체험을 운영하고 있습니다. 참여를 희망하면 오픈채팅방(https://open.kakao.com/o/gz5R9k7b, 비밀번호 1245)이나 경장인 카페(https://cafe.naver.com/newcomerauction)에 들어와서 공지사항을 확인하면 됩니다.

2장

전국 규제지역 리스트

부동산 세금을 설명하기에 앞서, 소액으로 처음 시작하는 분은 너무 세금을 두려워할 필요는 없습니다. 여러분이 다주택자가 되고 시가 10억 원이 넘는 아파트를 매수하면 그때부터는 양도세/취득세/재산세를 고려해야겠지만, 그 이하에서는 여러분이 취득할 자산이 줄 혜택이 클 것이니 걱정하지 않아도 됩니다.

물론, 투자를 통해 다주택자가 된 이후에 내 집 마련을 위한 부동산 대출이나 여러 제약이 생길 수 있기에, 이 부분은 전문 부동산 세무사와 상담해보는 것이 가장 좋습니다.

투기지역 ●
- 서울시 강남구, 서초구, 송파구, 강동구, 용산구, 성동구, 노원구, 마포구, 양천구, 영등포구, 강서구, 종로구, 중구, 동대문구, 동작구
- 세종시 (행정중심복합도시 예정지역에 한함)

투기과열지구 ●
- 서울시 전 지역
- 경기도 과천시, 성남시 분당구, 광명시, 하남시, 성남시 수정구, 수원시, 안양시, 안산시 단원구, 구리시, 군포시, 의왕시, 용인시 수지구, 용인시 기흥구, 화성시(동탄2)
- 인천시 연수구, 남동구, 서구
- 대구시 수성구
- 대전시 동구, 중구, 서구, 유성구
- 세종시 (행정중심복합도시 예정지역에 한함)
- 경남 창원시 의창구 (동지역), 북면 감계리 일원 감계지구, 무동리 일원 무동지구)

조정대상지역 ●
- 서울시 전 지역, 경기 전 지역 (일부 지역 제외)
  - 제외지역: 연천군, 포천시, 가평군, 양평군, 여주시, 이천시, 용인시 처인구(포곡읍, 모현면, 백암면, 양지면 및 원삼면 가재월리 사암리 미평리 좌항리 맹리 두창리 멕리), 광주시(초월읍, 곤지암읍, 도척면, 퇴촌면, 남종면, 남한산성면, 남양주시(와부읍, 조안면 및 오남면, 안성시(일죽면, 죽산면, 삼죽면, 미양면, 대덕면, 양성면, 고삼면, 보개면, 서운면, 금광면, 김포시(통진읍, 대곶면, 월곶면, 하성면) 파주시(문산읍, 파주읍, 법원읍, 조리읍, 월롱면, 탄현면, 광탄면, 파평면, 적성면, 군내면, 장단면, 진동면, 진서면) 양주시(백석읍, 남면, 광적면, 은현면) 동두천시(광암동, 걸산동, 안흥동, 상봉암동, 하봉암동, 탑동동)

- 인천시 중구, 동구, 미추홀구, 연수구, 남동구, 부평구, 계양구, 서구
  - 제외지역: 중구(을왕동, 남북동, 덕교동, 무의동)
- 대전시 전 지역
- 부산시 해운대구, 수영구, 동래구, 남구, 연제구, 서구, 동구, 영도구, 부산진구, 금정구, 북구, 강서구, 사상구, 사하구
- 대구시 수성구, 중구, 동구, 서구, 남구, 북구, 달서구, 달성군 (다사/화원읍만 지정)
- 광주시 동구, 서구, 남구, 북구, 광산구
- 울산시 중구, 남구
- 세종시 (행정중심복합도시 예정지역에 한함)
- 충북 청주시 (동지역, 오창/오송읍)
- 충남 천안시 동남구 (동지역), 천안시 서북구 (동지역), 논산시 (동지역), 공주시 (동지역)
- 전북 전주시 완산구, 전주시 덕진구
- 전남 여수시 (동지역, 소라면), 순천시 (동지역, 해룡/서면), 광양시 (동지역, 광양읍)
- 경북 포항시 남구 (동지역), 경산시 (동지역)
- 경남 창원시 성산구

▲ 전국 부동산 규제지역 지정 현황

(출처: 땅집고)

▲ 부동산계산기.com 예시

부동산 비용, 세금에 관련된 대략적인 계산은 부동산계산기.com
을 통해서 편리하게 계산할 수 있습니다. 세무사/회계사들이 계산식
을 올려놓은 것이기에 꽤 정확하게 계산되니, 대략적인 부동산 관련
비용을 알고 싶다면 이용하기 바랍니다.

개인적으로 계속 변하는 규제지역을 매번 업데이트하는 것이 매
우 번거로운데, 아래의 호갱노노 플랫폼을 이용하면 손쉽게 규제지
역을 확인할 수 있습니다. 지역 명칭으로도 확인할 수 있고, 지도상으
로 볼 수 있으니 정말 편리합니다.

▲ 호갱노노

243페이지의 사진에서 우측에 규제 버튼을 클릭하면 규제지역 리스트가 활성화됩니다.

▲ 호갱노노에서 규제지역 확인하기

규제지역을 명칭으로 확인할 수 있습니다. PC를 이용한다면 Ctrl+F를 눌러 내가 보고 있는 지역이 규제지역인지 검색해볼 수 있습니다. 예를 들어, 내가 보는 경매 물건의 주소가 '경기도 광주 초월읍'이라면 Ctrl+F를 눌러 초월읍 또는 광주로 조회해서 규제지역에 포함되는지 확인할 수 있습니다.

지역 명칭으로 나와 있는 규제리스트를 끄면 지도상에 색깔별로 규제지역과 비규제지역을 구분하는 지도가 활성화됩니다. 빨간색이 가장 강력한 규제를 받는 '투기지역', 주황색이 '투기과열지구', 노란색이 '조정대상지역', 흰색이 규제적용을 받지 않는 '비규제지역'을 나타냅니다.

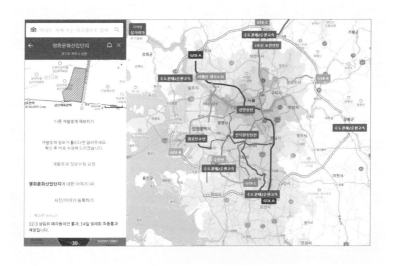

▲ 호갱노노에서 규제지역과 비규제지역 구분해서 확인하기

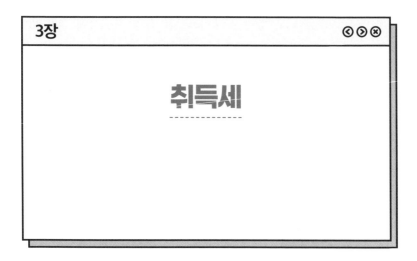

취득세

- - - - - - - - - - - - -

이번에 살펴볼 내용은 부동산을 취득할 때 내는 취득세에 관한 내용입니다. 원래 주택은 일괄적으로 1~3%로 적용되었으나, 지난 2020년 7월 10일(일명 7.10 대책)에 다음과 같이 개정되었습니다. 이해하기 쉽도록 예를 들어 설명하겠습니다.

개정안			
개인	1주택	주택 가액에 따라 1~3%	
		조정 대상 내	비 조정 대상 내
	2주택	8%	1~3%
	3주택	12%	8%
	4주택 이상	12%	12%
	법인	12%	

▲ 취득세율 1

단, 일시적 2주택은 1주택 세율 적용(1~3%)
(출처: https://url.kr/eas3lb)

예를 들어, 규제지역이든 비규제지역이든 1주택이 있는 상태에서 비규제지역에 주택을 취득하면 그 두 번째 주택까지는 1주택세율 (1~3%)을 적용합니다.

개정안			
개인	1주택	주택 가액에 따라 1~3%	
		조정 대상 내	비 조정 대상 내
	2주택	8%	1~3%
	3주택	12%	8%
	4주택 이상	12%	12%
	법인	12%	

▲ 취득세율 2

(출처: https://url.kr/7rpuhs)

그런데, 두 번째 주택이 비규제지역이 아니라 규제지역 내에 있다면 취득세는 8%로 올라가게 됩니다. 최대 8배까지 중과되는 것이지요.

개정안			
개인	1주택	주택 가액에 따라 1~3%	
		조정 대상 내	비 조정 대상 내
	2주택	8%	1~3%
	3주택	12%	8%
	4주택 이상	12%	12%
	법인	12%	

▲ 취득세율 3

다음으로, 세 번째로 취득한 주택이 규제지역에 있다면 세 번째 주택은 취득세가 12%까지 중과됩니다.

개정안			
개인	1주택	주택 가액에 따라 1~3%	
		조정 대상 내	비 조정 대상 내
	2주택	8%	1~3%
	3주택	12%	8%
	4주택 이상	12%	12%
	법인	12%	

▲ 취득세율 4

세 번째 주택이 규제지역이 아닌 비규제지역에 있다면 12%가 아닌 8%를 적용받습니다.

개정안			
개인	1주택	주택 가액에 따라 1~3%	
		조정 대상 내	비 조정 대상 내
	2주택	8%	1~3%
	3주택	12%	8%
	4주택 이상	12%	12%
	법인	12%	

▲ 취득세율 5

네 번째 주택부터는 규제·비규제지역을 막론하고 모두 12%의 취득세를 적용합니다.

개정안			
개인	1주택	주택 가액에 따라 1~3%	
		조정 대상 내	비 조정 대상 내
	2주택	8%	1~3%
	3주택	12%	8%
	4주택 이상	12%	12%
	법인	12%	

▲ 취득세율 6

법인을 활용한 부동산 매입의 경우 취득세는 12%로 일괄 적용됩니다. 개인 명의로 부동산 대출이 막히자, 많은 사람이 상대적으로 대출이 잘 나오는 법인을 활용하여 투자하기 시작했습니다. 이에 많은 부작용이 생겨 정부 차원에서 법인을 활용한 투자에 규제책을 꺼낸 것입니다.

추가로, 오피스텔이나 상가와 같은 업무용 부동산은 취득세가 4.6%로 일괄 적용됩니다. 예전에는 4.6%가 너무 과하다고 생각했는데, 지금은 새로운 주거형 부동산을 취득하면 12%의 취득세를 내기에 업무용 부동산의 취득세가 상대적으로 저렴해졌습니다.

또한, 공시지가 1억 원 이하의 빌라나 아파트는 지역, 보유 주택 수에 상관없이 취득세가 1.1%로 일괄 적용됩니다. 공시지가를 확인하는 방법으로는 유튜브에 '공시지가 확인 방법'이라고 검색하면 다양한 영상 자료가 나오니 따라 해보길 권장합니다.

재산세(보유세)

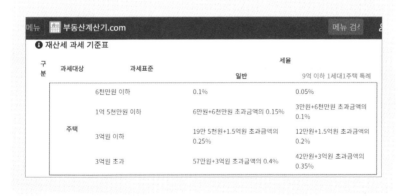

▲ 재산세 과세 기준표

(출처: https://url.kr/bnu3ig)

재산세 과세 기준표

구분	과세대상	과세표준	세율	
			일반	9억 이하 1세대1주택 특례
주택		6천만원 이하	0.1%	0.05%
		1억 5천만원 이하	6만원+6천만원 초과금액의 0.15%	3만원+6천만원 초과금액의 0.1%
		3억원 이하	19만 5천원+1.5억원 초과금액의 0.25%	12만원+1.5억원 초과금액의 0.2%
		3억원 초과	57만원+3억원 초과금액의 0.4%	42만원+3억원 초과금액의 0.35%

그렇다면 재산세에 대해 알아보겠습니다. 여러분이 이미 시세 10억 원 이상의 아파트를 가지고 있다면 재산세가 서서히 부담되겠지만, 그 이하는 생각보다 재산세가 부담될 정도로 높진 않습니다. 왜냐하면 세금은 시세로 매겨지는 것이 아닌 공시지가가 기준인데, 이 공시지가는 차이는 있지만, 평균적으로 시세의 60~70% 수준입니다. 그렇다면 공시지가가 4억 원인 아파트의 재산세를 계산해 보겠습니다.

일단, 아파트는 과세 대상에서 주택에 해당되니 3억 원 초과분을 보면 됩니다. 즉, 57만 원+(1억 원(3억 원 초과분) × 0.4%) = 97.5만 원으로 계산됩니다. 97.5만 원이 부담스러운 금액일 수도 있지만, 1년에 한 번 낸다고 봤을 때, 그리고 자산가치가 장기적으로 올라갈 때는 1~2개월 사이에도 천만 원 단위로 오르기에 부담되는 금액은 아니라고 생각합니다.

5장

자주 묻는 질문

현재 정부에서 많은 규제를 하고 있는데 문제는 없나요?

규제를 받는 서울이나 일부 경기권을 제외하고는 여전히 대출이 잘 나옵니다. 예를 들어 비규제지역의 빌라는 무주택자 기준으로 낙찰가 80%, 감정가 70% 중 적은 금액으로 대출이 나오고 있습니다. 투자하는 분이라면 대출 레버리지를 극대화해야 하기에 대출 규제가 없는 지역으로 이사 가는 것을 추천합니다.

경매는 이미 레드오션이라고 하는데 늦은 것 아닐까요?

경매가 블루오션이었던 적은 없습니다. 또한, 경매 투자자가 많아 졌다고는 하나, 지인 중에 하는 분은 단 1명도 찾을 수 없었습니다. 그리고 하루에도 수십, 수백 건씩 경매 입찰이 진행되고 있으며, 경매에서 손을 떼는 분들도 많습니다. 물론, 남들이 보기에 좋아 보이는 신축 아파트, 역세권 아파트는 경쟁이 무척 치열합니다. 따라서 낙찰되는 가격도 시세와 크게 차이가 없습니다. 우리는 남들이 보지 못하는 즉, 흘러가는 물건 중 수익이 1,000만 원 이상 보장되는 것을 낙찰받으면 됩니다.

가격이 떨어지지 않는 부동산을 찾는 방법이 있나요?

부동산 가격도 마찬가지로 수요와 공급 곡선에 따라 가격이 결정됩니다. 수요는 그대로인데 신축 아파트 입주(공급)가 늘면 당연히 임차인들은 새로운 아파트로 가고자 할 것이고, 이에 따라 구축 아파트는 시세가 떨어지게 됩니다. 반대로, 공급 물량은 없는데 신규 공장이 설립된다던가 대규모 개발 호재(수요)가 생기면 당연히 가격이 올라갈 것입니다. 아파트 공급과 수요 물량을 보는 사이트로 부동산지인 (https://aptgin.com) 또는 아실(https://asil.kr/asil/index.jsp)을 추천합니다.

얼마만큼의 투자금으로 경매를 시작하는 것이 좋을까요?

정해진 투자금은 없습니다. 투자금이 많으면 많을수록 가격대가 더 높은 물건을 통해 더 많은 수익을 낼 수 있겠죠. 저는 최소 500만 원에서 1,000만 원 정도의 투자금은 있어야 월세 수익이 가능한 구축 빌라를 얻어서 수익을 낼 수 있다고 말씀드립니다. 마인드가 강한 분들은 마이너스통장을 개설하여 잠깐 월세 세팅하기 전까지 쓰고, 보증금을 받아서 다시 채워 넣는 식으로 하기도 합니다.

청약이 좋을까요? 경매가 좋을까요?

어떤 것이 좋다고 말씀드리긴 어려울 것 같습니다. 다만, 청약을 위해서는 오랜 기간 무주택을 유지해야 하는데, 경매하는 분들은 불가능하기에 둘 다 선택할 수는 없습니다. 다만 제 개인적인 생각은 오랜 기간 무주택을 유지해서 청약에 당첨되면 다행이지만, 요즘은 그조차도 어려우니 차라리 오랜 기간 투자도 못 할 바에는 짧은 기간 안에 많은 투자로 청약 이상의 수익을 올리는 경매가 더 좋지 않을까 생각합니다.

소득이 없는데 이런 경우 대출이 안 나오지 않을까요?

소득이 없으면 대출에 불리한 것은 사실입니다만 불가능한 것은 아닙니다. 대출에 있어서 소득 증빙은 필수이지만(대출 상환 능력 평가), 신용카드 사용 및 납입 명세를 증빙으로 대신 제출할 수 있으니 결혼한 주부나 프리랜서도 대출받는 데 큰 지장은 없습니다. 관련해서는 경매 법정에서 대출 상담을 위해 명함을 나눠 주는 분들이 있는데, 그분들이 웬만한 대출 조건을 해결해주니 적극적으로 상담받아 보길 권합니다.

경매 및 재테크와 관련하여 더 많은 정보를 원하는 분들은 카페에 방문해서 자료도 받아 가고, 회원분들과 정보를 공유하면 좋겠습니다. 또한, 질문을 남기면 제가 직접 답변해 드리고 있으니 방문해서 편하게 질문하면 됩니다(https://cafe.naver.com/newcomerauction).

부동산 경매
실전 후기

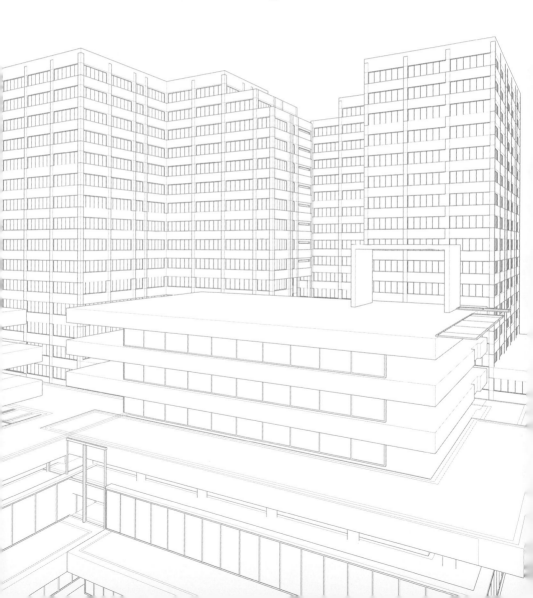

1장

부동산 경매에 동반자가 있어야 하는 이유

부동산 투자를 하는 데 있어서 왜 동반자가 필요한지 궁금해할 것 같습니다. 왜일까요? 바로 부동산 투자는 오랜 기간, 꾸준히 이어 나가야 하기 때문입니다. 안타깝게도 여러분이 부동산 경매로 한두 건 낙찰받는다고 바로 경제적 자유라던지, 생활 여건이 확연히 좋아지진 않습니다. 씨앗을 심고 나무가 되길 기다리듯, 싸게 받은 경매 물건도 시간을 머금어야 더 좋은 열매가 되어 여러분에게 나타날 것입니다.

씨앗이 나무가 될 때까지 멍하니 기다리는 것이 아니라 새로운 투자처를 찾아 꾸준히 투자해야 시간이 흐른 뒤 더 많은 보상이 찾아올 것입니다. 즉, 어떤 보상이 나오기 전에 꾸준히 움직이고 실행해야 시간이 지난 뒤 더 달콤한 보상을 얻게 될 것입니다.

　많은 초보 투자자들이 조급한 마음에 이 기간을 참지 못하고 다시 투자하기 전의 예전 모습으로 돌아간다던가, 부동산은 당장의 돈이 되지 않는다는 생각으로 투자를 그르칩니다. 만일 이런 생각이 들 때, 여러분보다 앞서간 멘토 또는 같이 공부하는 사람들이 있다면 매우 큰 힘이 될뿐더러, 투자에 관한 다양한 정보를 공유받을 수도 있습니다.

　투자에 있어 정보는 상당히 중요한 요소이고, 정보 여부에 따라 10년이 걸릴 것을 1, 2년으로 단축할 수도 있습니다. 힘든 일이 생길 때 큰 힘이 되고(대부분의 힘든 일을 선배들 역시 겪었으니까), 기쁜 일은 나누면 두 배가 됩니다. 그렇기 때문에 꾸준히 할 수 있는 힘이 생깁니다.

　혼자 했을 때는 1, 2년 뒤가 보이지 않지만, 먼저 그 시기를 거친 분들의 성과를 보면서 나 또한 목표를 세울 수 있을 것입니다. 수능을 준비하던 학창 시절을 떠올려 봅시다. 고독하게 혼자서 공부하는 학생도 있지만, 함께 공부하는 친구들은 의욕이 떨어지더라도 옆에서 열심히 하는 친구를 보면서 약간의 경쟁심 때문에 더 공부하게 됩니다.

　그러한 자극을 투자에도 활용하는 것입니다. 투자도 같이 배운 사람이 더 많은 성과를 이루면 경쟁심이 생기고, 적당한 경쟁심은 떨어진 의욕을 살려주고 행동을 하게 합니다.

멘토와 동료를 만나는 방법은 간단합니다. 유튜브에서 경매에 관해 설명하는 영상을 찾아보며 본인의 성향과 잘 맞겠다 싶은 사람의 모임을 찾으면 됩니다. 대부분 유튜브를 하는 분은 강의도 하며, 강의를 들은 사람들을 위한 커뮤니티(네이버 카페, 오픈 채팅방 등)가 있게 마련입니다. 또는, 요즘 한창 뜨고 있는 재능 공유 플랫폼인 클래스101, 탈잉, 프립 등에서 하는 강의를 들어보고, 괜찮다면 마찬가지로 커뮤니티를 찾아 들어가서 어떤 모임이 있는지 찾는 것입니다.

책을 선호한다면 저자의 사인회나 강연회에 찾아가서 본인의 의지를 표현하면 의외로 흔쾌히 시간을 내주거나, 따로 만날 방법을 알려주기도 하니 꼭 시도하기 바랍니다.

다시 한번 강조하지만, 함께하는 이가 있어야 부동산 경매를 꾸준히 할 수 있고, 그렇게 경매가 여러분의 일상생활에 녹아들어야 여러분들이 바라는 자산가, 파이어족, 경제적 자유를 누릴 수 있습니다.

이렇게 주변 사람을 바꾸고 투자로 성공한 분을 찾아갔음에도, 투자하기 어려운 분은 제가 운영하는 1:1 코칭 클래스도 있으니, 내용을 한번 살펴보고 신청해도 좋을 것입니다. 1:1 코칭이기에 가격대는 있지만, 코칭을 통해 괜찮은 물건을 경매로 한 건만 낙찰받아도 코칭 비용을 회수하고도 훨씬 더 많은 수익이 남을 것이기에 추천합니다.

2장

월세 중독자 황 대리의
좌충우돌 경매 이야기

경매를 시작한 이유(월급만으로는 절대로 부자가 될 수 없다!)

2013년에 아버지가 경매를 통해 고향에서 작은 소형 아파트를 싸게 낙찰받았습니다. 그것으로 몇십만 원의 임대 수익이 나는 것을 보았습니다. 비록 금액은 많지 않았지만, 대단해 보였습니다. 내 소유의 부동산이 있다는 것과 그 부동산에서 월세가 꾸준히 나온다는 것이 저를 끌어당겼어요. 그 후 저는 부동산 경매 교육을 듣기 시작했습니다.

저는 대기업의 회사원도 아니고 공무원도 아닙니다. 그래서 월급 또한 불안정했어요. 내가 이 일을 언제까지 할 수 있을까란 막연한 불안감도 있었고, 회사 업무에 대한 회의감도 들었습니다. 급여는 고정적이지 못해서 월급이 적은 달엔 심리적으로 위축됐고요. 또한, 업무 시간은 약 10시간 정도로 꽤나 길었습니다. 이대로 내가 계속 회사 일에만 묶여 있다면 정말 내 집 한 채도 마련하지 못할 것 같았습니다.

그래서 결국 대안을 찾은 게 부동산이었습니다. 일을 하고 얻는 근로소득이 아닌 일정 시간 시스템이 형성되면 돈이 들어오는 형태의 자동 소득을 얻어야겠다고 생각했습니다. 이후 개인 사정으로 퇴사하고 6개월가량 하는 일이 없었습니다. 매달 꾸준히 받던 월급 자체가 없으니 생활 또한 정상적이지 못했습니다. 따라서 매달 빠져나가는 돈을 걱정해야 했고, 다시 빨리 일을 해야 한다는 강박에 사로잡혔습니다.

그때 다시 한번 느꼈습니다. '내가 몸이 아파서 병원에 입원하게 되었을 때나 코로나로 인해 급여가 삭감되었을 때, 직장에서 퇴사하여 일이 없을 때에도 자동적으로 돈이 들어오게 해야겠구나!'라고 말이죠.

생애 첫 낙찰을 받다!

예전부터 저는 부동산에 관심이 많았고 그래서 경매 학원에 다녔습니다. 하지만 이론은 이론일 뿐 직접 행동하기는 쉽지 않았죠. 그래서 새롭게 경매 멘토를 만나 교육을 듣고 열심히 훈련했습니다. 드디어 제가 낙찰받기 원하는 부동산의 경매일이 다가왔습니다. 그렇게 첫 입찰을 위해 남부지방법원으로 발걸음을 옮겼습니다.

경매가 시작하는 시각은 오전 11시 10분. 날씨가 너무 좋았고 법원에 가는 발걸음이 참 가벼웠습니다. 설레기도 하고 약간 떨리기도 했네요. 법원 내부에 도착하니 코로나 시국이 맞나 싶을 정도로 사람이 많았습니다.

입찰한 사람들은 'XX타경○○○○'이라고 사건 번호를 들으면 앞으로 나가 입찰 금액을 듣습니다. 이 중 최고 매수가를 적은 사람이 낙찰됩니다. 패찰한 사람들은 사용 수취증을 제출하고 입찰 보증금을 받아 갑니다.

드디어 승자와 패자의 명암이 갈리는 순간이 왔습니다. 사건 번호가 호명되고 제 순서가 다가왔습니다. 앞으로 나간 사람은 저를 포함해 총 세 명이었습니다. "첫 번째로 호명합니다! △△△씨 7,000만 원!" 한 명 제쳤습니다. 등에서 식은땀이 한 줄기 흘러내리네요. 이제 남은 확률은 1/2입니다. 계속해서 금액을 발표합니다. "xxx씨 7,379만 원 쓰셨습니다." 이게 무슨 일일까요? 아직 제 이름은 발표되지 않았습니다. 두근두근 심장이 미친 듯이 뛰기 시작했습니다.

"7,388만 원을 쓰신 황○○ 님이 최고가 매수인으로 낙찰되셨습니다!" 결국! 전 단돈 9만 원 차이로 낙찰받게 되었습니다. 다리에 힘이

풀리고 눈앞이 핑 돌았습니다. 제가 간절히 바라던, 예전부터 꿈꿔왔던 순간이 펼쳐졌으니까요. 또한, 첫 입찰에 첫 낙찰이라니 너무 행복했습니다! 저에게 행운을 가져다준 888이란 숫자는 절대 잊지 못할 겁니다. 그렇게 얼떨떨하고 믿기지 않는 순간이 끝났습니다.

법원 밖을 나오는 순간 마치 연예인이 된듯한 느낌을 받았습니다. 대출상담사 분들 모두가 본인의 명함을 저에게 내밀고 제 전화번호를 받아 갔습니다(추후 대출금을 산정할 때 가장 좋은 조건의 대출을 선택하면 됩니다). 그렇게 첫 남부지방법원의 입찰을 마치고 나왔습니다. 그때가 대략 오전 12시 40~50분 정도였습니다(그 날의 사건 개수와 입찰 인원 수에 따라 시간은 조금씩 변동됩니다). 이 낙찰의 기쁨을 시작으로 저는 더욱더 경매를 통한 꼬박꼬박 월세 받기의 매력에 빠져들었습니다.

이사비 안 주면 절대 못 나가요!(애증의 빌라 2호점 명도 사례)

지금부터는 두 번째 집을 명도하면서 겪었던 아쉬운 일화를 알려 드리겠습니다. 배당기일이 다가오며 임차인의 딸과 연락을 주고받으며 배당기일에 모든 짐을 빼기로 합의했습니다. 사실 배당기일을 정하는 중에도 상대방의 날카로운 반응에 마음이 썩 편하진 않았습니다. 하지만 저는 임차인의 딸을 믿었습니다.

하지만 그것이 잘못의 시작이었습니다. 이사 당일 오전, 집에 찾아 갔는데 이상하게 이삿짐은 거의 싸져 있지 않았습니다. 할머니 혼자 쉬고 계셨는데 "오늘 오후에 이사하시는 거죠?"라고 물으니 할머니 는 "오늘 오후 늦게 이삿짐센터에서 올 거야. 그런데 이사 비용은?" 이사 비용에 대해 이미 딸과 합의가 다 끝낸 상태였는데 또 언급을 하셨어요. 뭔가 찝찝했지만, 다시 친절히 설명드렸습니다.

"이사 비용은 보증금을 조금 떼이거나 못 받는 분에게 위로차 드 리는 것이라 현재 상황에서는 드릴 수 없어요. 죄송해요." 그러니 할 머니도 알겠다면서 앞으로 행복한 일만 있으라고 축복해 주셨습니 다. 그렇게 할머니께 명도확인서를 드렸습니다. 좋은 게 좋은 것이라 생각하고 나의 칼자루를 임차인에게 믿고 넘겨주었죠.

그날 저녁 두근거리는 마음을 부여잡으며 집으로 향했어요. 일단 이삿짐은 빠져 있고 불도 꺼져 있었습니다. 한숨을 돌리려는 찰나 현 관문을 열려고 하니 잠겨 있었어요. 등골이 서늘한 느낌이 들어 벽의 창문들을 모두 열어보니 다 잠겨 있었어요. 그래서 임차인의 딸에게 전화를 걸었습니다. 6통 째에도 전화를 받지 않았어요.

뭔가 잘못되었음을 깨달았습니다. 바로 주변 동료와 멘토님에게 연락했지만, 뾰족한 방법이 없었습니다. 제가 명도확인서를 먼저 건 네주었기에 상대방에게 칼자루를 준 거나 다름없었죠. 그렇게 힘겨 운 하룻밤이 지나갔습니다. 다음 날 아침, 방법을 모색했지만 뚜렷한 방법이 없었습니다. 인도 명령도 명도확인서를 건네주는 순간 효력이 상실되기 때문이죠.

이때 깨달았습니다. 돈과 관련해서는 함부로 사람을 믿어서는 안 된다는 것을요. 좋은 게 좋은 것이 아니라 원리원칙대로 해야 함을 다시 느꼈습니다.

그래서 법원에 전화를 걸었습니다. 인도 명령 취하를 번복해달라고요. 하지만 법원의 대답은 단호했습니다. 이미 명도확인서를 넘겨주었기에 취하를 번복할 수 없다고요.

많은 고민 끝에 임차인에게 전화를 다시 걸었습니다. 목소리는 차갑고 냉정했습니다. 저는 엄청난 배신감이 머리끝까지 올라왔지만, 최대한 참으며 물었습니다. "왜 문을 걸어 잠그고 전화도 받지 않으셨나요?" 그러니 조금의 침묵이 흐른 뒤 "이사 비용 주셔야 나가죠."라는 답변이 돌아왔습니다.

정말 이렇게 뒤통수를 칠 줄은 상상도 못 했습니다. 결국, 딸은 100만 원의 이사 비용을 요구했습니다. 정말 어이가 없었어요. 배당을 다 받아 가는 세입자가 이렇게 이사 비용을 뜯어내다니 참 믿을 사람 하나 없다는 생각이 들었습니다.

결국, 협상을 통해 50만 원에 합의하였습니다. 대신 조건을 걸었죠. "모든 짐들을 다 빼고 사진을 찍어서 보낸 뒤 열쇠만 남겨놓으세요. 그럼 확인한 후 50만 원을 넣어드리겠습니다."

그날 저녁, 다시 집에 가보니 집은 비어 있었고 열쇠도 두고 갔습니다. 하지만 너무 화가 났습니다. 절대로 돈을 주고 싶은 마음이 생기지 않았습니다. 하지만 입금해주겠다고 문자를 보냈습니다. 그러자 180도로 돌변하며 "감사합니다." 그리고 "죄송합니다."를 연발하며 계좌번호를 문자로 찍어 보내왔습니다. 사실 이대로 다 주기는 너무 아까웠습니다. 결국, 다시 협상에 들어갔고, 30만 원으로 합의하고 명도를 완료하였습니다.

전 빌라 2호점의 명도를 통해 큰 경험을 했습니다. 물론, 그 당시에는 하루하루가 고통스럽고 힘들었지만, 그 일을 겪으며 명도에 대한 두려움을 날려버릴 수 있었습니다.

이렇게 탈바꿈했습니다(수리 후 새롭게 탄생한 빌라 3호점)

서울의 빌라 3호점을 낙찰받은 뒤 수리를 진행했습니다. 처음 집에 방문했을 때의 모습은 공포 그 자체였습니다. 거실 바닥을 가장 먼저 확인했더니 나무 장판이 깔려있었는데 나무가 썩어 있었습니다.

그다음으로 본 화장실은 낡음 그 자체였죠. 너무나 옛스러운 세면대와 변기, 수건 걸이와 휴지 걸이 등이 보였습니다.

▲ 썩은 나무 장판의 모습

▲ 낡은 화장실의 모습

집 내부가 좋을 것으로 예상하고 봤는데 조금 당황스러웠습니다. 또한, 싱크대도 좋지 않았습니다. 청소를 확실히 한 뒤 집을 내놓을까 생각했지만, 싱크대가 집의 얼굴인 만큼 화사한 걸로 바꿔야겠다고 생각했습니다. 결국, '리모델링 올수리'를 하기로 결정했습니다.

수리 진행 과정은 다음과 같습니다.

1. 거실 바닥 철거

2. 도배 및 장판 깔기

3. 몰딩, 방의 문과 화장실 문, 신발장, 베란다 페인트

4. 싱크대 교체

5. 화장실의 변기와 세면대 교체

6. 방과 주방의 등 구매 및 설치, 콘센트, 스위치 등 커버 구매 및 교체

먼저, 수리 업체부터 선정했습니다. 수리 업체를 잘 선택하려면 집 주변 인테리어 업체의 주소를 수집하는 일부터 하는 게 좋습니다. 최소 8군데 정도를 선정한 뒤, 집 안의 상태를 설명하고 실제 견적 내역서를 뽑았습니다. 물론 업체마다 가격은 천차만별인데요(저의 경우 최소 500만 원에서 1,200만 원까지 차이가 났습니다. 물론, 자재의 차이가 있었겠죠?). 결국, 가장 친절하게 응대하고 가격이 저렴했던 수리 업체를 선택했습니다. 이 업체에 추가로 철거, 도배 및 장판, 페인트, 싱크대, 화장실의 변기, 세면대 작업까지 맡겼습니다.

▲ 리모델링 직전의 부엌의 모습

▲ 리모델링 시작

이렇게 리모델링이 시작되었습니다. 체리색으로 도배되어 있던 몰딩, 문짝, 창문, 신발장 등은 화이트색을 뽐내며 고급스럽게 바뀌었습니다. 결과가 기대되었습니다.

그렇게 약 일주일이 지났습니다. 다시 들어가 본 집의 모습은 놀라움 그 자체였습니다. 완전히 새집이 되었습니다. 집이 제가 살고 싶을 만큼 너무나 컨디션이 좋았습니다. 결국, 월세로 내놓은 지 하루 만에 새로운 세입자를 구했습니다.

▲ 수리 전의 거실 모습

▲ 수리 후의 거실 모습

도배 및 장판, 바닥 철거, 화장실(변기, 세면대), 싱크대, 페인트(몰딩, 문, 베란다, 신발장), 폐기물 처리까지 다 합쳐서 총 480만 원에 진행했습니다. 추가로 주방 등, 방 등, 스위치 콘센트 커버에 들어간 비용은 총 15만 원입니다. 여기에 추가로 화장실 수납함까지 넣어서 총 505만 원이 들었습니다.

이렇게 3호점까지 수리하면서 세팅을 끝마쳤습니다. 그렇게 저는 현재 3채의 빌라에서 133만 원의 월세를 받고 있습니다. 3호점까지 월세를 받기까지 마냥 쉽지 않았고, 많은 좌절을 겪었고, 스트레스도

심했습니다. 하지만 좌절과 어려움을 겪으면서 더욱 성장했습니다. 또한, 큰 자신감을 얻었습니다.

여러분도 투자에 있어 마냥 즐거운 일들만 있진 않을 겁니다. 중간에 반드시 장애물이 등장할 것입니다. 그로 인해 많은 분이 포기합니다. '경매는 나랑 맞지 않아.' 또는 '투자는 너무 위험해, 월급이나 열심히 모으는 게 최고지.' 라면서 자기합리화를 하면서 말이죠.

하지만 포기하지 않고 이겨낸다면, 그 이후에는 커다란 열매가 기다리고 있을 것입니다. 또한, 한 단계 성장한 본인을 느낄 것입니다. 그런 본인의 모습을 보며 더 큰 자신감을 얻을 것이고요.

꼭 직접 부딪쳐보세요. 꼭 직접 행동에 옮기세요. 경험이 최고의 재산이자 공부입니다. 또한, 경매 투자를 너무 어려워하지 마세요. 아무것도 모르던 저 또한 지금 경매를 하고 있습니다. 직장 일에 얽매여 시간이 부족한 저도 입찰을 받고 있습니다. 평범한 월급쟁이인 제가 경매를 하고 있으므로 이 글을 읽는 여러분 모두가 할 수 있습니다. 현재에 안주하는 삶은 오늘로 내려놓고, 진취적이고 도전하는 삶을 살길 응원하겠습니다. 감사합니다.

3장

아도니스 님의
부동산 경매 낙찰 이야기

저는 맞벌이를 하며 아들 한 명을 키우고 있는 30대 가장입니다. 경매를 처음 시작하게 된 2020년의 제 상황은 경제적으로 부족하진 않았지만, 맞벌이로 인해 시간이 부족하다 보니 아들에게 신경을 많이 못 써서 미안하게 생각하고 있었습니다. 직장생활에 힘들어하는 와이프를 보면서도 생활비와 대출이자 때문에 선뜻 그만두라는 말을 하지 못하고 있었고요.

경매 입문 전의 제 자산 상황은 2.55억 원 전세로 거주 중이었으며, 이 중 대출이 2억 원이었습니다. 또한, 서울의 구축 19평 아파트를 보유하고 있었습니다. 이 아파트는 매매 3.55억 원에 전세 1.95억 원이고, 현 시세는 매매 6억 원에 전세 2.05억 원이었습니다.

경매를 시작한 계기

치솟는 집값으로 인해 평생 직장으로 생각했던 직장생활에 점차 회의감이 들기 시작했고, 아들이 커가면서 더 나은 환경에서 더 많은 시간을 부모가 함께하면 좋겠다고 생각하게 되었습니다. 어린이집을 제일 빨리 가서 가장 늦게 나오는 아이를 볼 때마다 많이 미안했지요.

돌파구가 필요하다고 생각하다 가까운 지인의 권유로 경매를 시작하게 되었습니다. 궁극적으로 경제적 자유를 위한 도구가 무엇이 되든 경매라는 제도는 기초이면서 필살기가 될 수 있겠다는 생각이 들었기 때문입니다.

경장인 님의 온라인 경매 강의를 듣고 본격적인 입찰 전 제 상황에 맞는 물건 분류 기준이 필요했습니다.

처음에는 비규제지역 공시가 1억 원 미만 주택으로 준비했으나 입찰을 준비하는 과정에서 점점 부동산 규제가 강화되어 규제지역이 늘어나면서 LTV가 점점 축소되고, 제가 전세 대출을 받아 거주 중인 전세 대출상품이 2주택 시에 회수된다는 점을 알게 되면서 망연자실하였습니다.

고민하다가 결국 조금 더 공부해서 차라리 규제지역 주거 오피스텔을 타깃으로 잡았습니다. 원룸형 오피스텔이 아닌 투룸 이상 주거 오피스텔은 아파트 대체재로 수요도 있을 것 같았고, 시세가 많이 오르지 않더라도 원룸형처럼 가격 하락 폭이 크지 않을 것이라는 생각

때문이었습니다.

처음 경매를 시작한 목표가 자산을 형성하고 투자금을 불리기 위한 것이었으므로 낙찰 후 전세를 세팅하여 플피 투자를 위해서는 전세 수요가 있고 전세금이 많게 형성되는 주거 오피스텔을 생각하게 되었습니다. 임대차 3법으로 인해 전세물건이 귀하게 된 점도 한몫했습니다.

우여곡절 오피스텔 낙찰받기

생애 처음으로 혼자서 법원에 입찰하러 갔는데 동명이인이 있었습니다. 제일 앞에 앉아 있다가 다른 사건 번호에 흔하지 않은 제 이름이 불려서 당황했지만, 손을 들고 나가서 집행관님에게 말씀드렸습니다. 그분은 당연히 젊어 보이는 제가 실수했을 것으로 생각했지만, 서류를 보더니 생년월일이 거의 제 아버지뻘이라 동명이인임을 확인해 주었고, 기다리다가 제 사건에 낙찰자로 호명되면서 집행관도 동명이인임을 다시 한번 확인하게 되었네요.

지금 생각해보면 그때 용기 내어 나가서 확인한 것이 얼마나 다행인지 모르겠습니다. 첫 입찰에 낙찰받은 것도 흔치 않은 행운인데 상당히 좋은 가격으로 잘 받아서 계속해서 경매에 관심을 두게 되었습니다.

첫 번째 물건은 서울 은평구에 있는 7층 다세대 건물 중 3층만 건축물대장상 오피스텔인 물건이었습니다. 용도상 오피스텔일 뿐 실제로는 빌라와 다르지 않았습니다. 해당 물건은 지하철역 도보 3분 이내로 주변에 학교도 있고 건물 관리도 잘 되어 있었습니다. 은평구에 부동산 중개소 인맥이 있는 지인과 함께 임장과 시세 조사를 한 후, 당초 예상했던 입찰가보다 약 5백만 원 높게 입찰했는데 3백만 원 차이로 낙찰받았습니다.

첫 번째 물건을 낙찰받은 후, 회사에 다니면서 임장과 입찰하기는 어려워서 두 번째 입찰부터는 대리입찰 계약을 맺어서 진행했습니다. 하지만 몇 차례 패찰 후 임장도 소홀해지고 시세 조사도 덜 하게 되었습니다. 그야말로 초심을 잃은 채 낙찰받기에만 조급해져 결국 단독입찰로 두 번째 물건을 낙찰받았습니다. 단독입찰이 잘못되었다기보다 입찰할 때부터 뭔가 찜찜해서 계속 고민했는데 몇 차례 패찰하다 보니 조급한 마음에 최저가로 해보고 되면 되는 것이고 안 되면 말자는 생각으로 입찰했던 것이 잘못이었던 것 같습니다.

결론적으로 시세 조사가 잘못되어 아직 매도나 전세 계약이 안 되고 있는데 월세로 세팅해야 할지 고민 중입니다. 월세로 세팅할 경우 수익률이 8~9% 정도 예상되는데 당초 목표였던 플러스 피가 아니라 투자금이 묶이게 되었습니다.

두 번째 물건을 조금 높게 받은 것에 대해 실망하면서도 포기하진 않고 그 경험을 타산지석 삼아 세 번째 물건부터는 다시 한번 철저한 조사로 몇 차례 입찰하여 인천 부평구 부평동에 있는 3룸 오피스텔을 낙찰받았습니다.

세 번째 물건의 경우 입찰하는 날 오전에 마지막으로 시세를 체크하면서 8백만 원을 올려서 입찰했는데 5백만 원 차이로 낙찰받았습니다. 사람마다 입찰가를 마지막에 바꾸는 것이 어떤 사람에겐 아쉬운 결과가 나오기도 하는데 저의 경우는 두 번 다 다행히 좋은 결과로 이어졌습니다. 두 번 다 욕심이 나는 물건이다 보니 받고 싶은 마음이 컸던 것 같습니다.

명도 과정의 어려움

서울 은평구의 오피스텔은 권리 분석 시에 현 임차인이 몇천만 원 손해를 보고 나가야 하는 부분이라 조금 걱정했는데 다행히 처음 연락부터 매우 협조적이었습니다. 알고 보니 전세보증보험에 가입되어 있어서 손해 보는 부분 없이 보증금 전부를 받아서 이사 갈 수 있는 상황이었고, 오히려 제가 매각 허가가 결정되고 바로 연락을 해서 빠르게 이사 날짜 협의가 이뤄지다 보니 서로가 좋은 방향으로 정리할 수 있었습니다.

결과적으로 명도 전 새로운 세입자를 구하는 데 협조해 주셔서 이사 가기 전 새로운 임차계약을 맺고 이사 가고 일주일 후에 새로운 임차인으로부터 보증금을 받아 투자금을 빠르게 회수할 수 있었습니다.

인천 숭의동의 오피스텔은 대리입찰 비용에 명도까지 서비스로 다 포함이 되어 있어서 명도도 맡기게 된 경우였는데 결과적으로 불가피한 경우가 아니면 직접 명도해야겠다고 생각하게 되었습니다. 명도는 빨리할수록 투자하는 입장에서 이득인데 대리로 하다 보니 일반적으로 그분들은 원칙대로 매각 잔금 납부 후에 액션을 취합니다.

특히, 이번 사건의 경우 낙찰 후 잔금 납부일은 늦게 잡혔는데 명도일은 빨리 잡혀서 기존 임차인이 배당일을 늦게 인지하게 되었고, 결과적으로 배당일보다 한 달 정도 늦게 명도가 완료되었습니다. 별도로 명도비는 발생하지 않았으나, 한 달 정도 이자가 추가로 발생했습니다(아직 신규 임차인이 구해지지 않아 이자가 계속 발생하고 있습니다).

세 번째 물건인 인천 부평동의 오피스텔도 명도를 대리로 진행하면 늦어질까 걱정되어 기존 임차인의 연락처만 제가 전달받아 명도는 직접 진행했습니다(기존 임차인이 협조적이라는 팁을 경장인 님에게 받았던 기억도 있어서 부담이 덜 했습니다).

결과적으로 이사비의 일부를 지원하면서 배당일에 맞춰 이사하기로 하였는데 이사 갈 집이 잘 구해지지 않아 한 달 정도 늦게 이사하면서 월세 대신 이사 비용을 지원하지 않기로 협의하였습니다.

경매하면서 큰 걱정거리 중 하나가 바로 명도인데 다행히 저는 몹시 어려운 경우는 없었습니다. 가능하면 명도에 어려움이 없도록 손해를 보지 않거나 적게 보는 대항력 없는 세입자가 있는 물건을 주로 보고 있습니다.

인테리어와 향후 계약 이야기

저는 지어진 지 10년 이내의 주거 오피스텔로 한정해서 경매를 진행하다 보니 인테리어 비용이 많이 들지는 않았는데, 생각해보면 첫 번째 물건은 도어락과 인터폰 수리 비용 16만 원, 두 번째 물건은 베란다 새시 교체 비용 18만 원(세입자 계약 전으로 +@ 가능), 세 번째 물건은 도배 비용 70만 원 정도가 들었습니다.

서울 은평구 오피스텔은 시세 조사 시 적극적인 부동산에서는 전세 1.8억 원까지 해보겠다는 곳이 있어서 낙찰 후에 전세를 1.8억 원으로 내놓았습니다. 조금 더 공부하면서 안심전세대출의 한도가 기준시가 대비 1.5배라는 것을 알게 되었고 해당 물건의 안심 전세 시세는 1.6억 원이었기 때문에 여러 부동산에서 1.6억 원으로 낮추면 바로 나갈 것이라고 했습니다만, 일반 전세 시세는 1.6억 원 이상이 될 수도 있을 것 같았기에 조금 버텨보기로 했습니다.

첫 번째 물건 낙찰 후에 다른 지역에 많이 무리해서 분양권 투자를 했는데 해당 분양권 투자의 잔금 납부 시기가 다가옴에 따라 전세를 낮춰서라도 투자금을 회수해야 하는지 속이 타기 시작했습니다. 그러면서 더 많은 부동산에 광고를 내기 시작했고(하루에 한두 개 부동산씩 계속 전화를 돌린 것 같습니다) 결론적으로 전세 매물이 없던 시기여서 1.6억 원에 월세 10만 원으로 계약하였습니다.

처음부터 1.6억 원으로 했으면 월세 10만 원은 없었을 테지만, 분양권 잔금을 압박받는 상황에서도 데드라인을 정해놓고 버텼더니 월세 10만 원이 덤으로 따라왔네요.

인천 부평동의 오피스텔은 입찰일 오전 급하게 확인했던 전세 매물이 2억 원이어서 낙찰가를 조금 올려서 낙찰을 받았던 물건인데 낙찰 후 전세를 맞추려고 보니 안심 전세로 2억 원을 받으려면 감정을 새로 받아야 하는 상황이었습니다. 불법은 아니지만, 감정료만 적게는 3~4백만 원에서 많게는 7~8백만 원까지 나오는 상황이었습니다. 특히, 매매 시세보다 안심 전세가가 더 많이 나오게 되는 상황이라 향후 매도 시에도 문제가 될 수 있다고 생각하였습니다.

고민하다가 안심 전세가 아닌 일반전세대출로 들어오는 세입자를 기다려보자는 생각에 1.9억 원으로 광고하고 약 한 달 정도 기다리다가 안심 전세 한도인 1.78억 원으로 수정하였더니 수정한 당일 바로 계약하자고 두 군데에서 연락이 왔고, 월세 5만 원을 추가하여 며칠 뒤 계약하였습니다. 집 상태가 좋지 않아 도배해야 했는데 월세로 도배 비용이 나오게 되었네요.

　　그래서 서울 은평구 오피스텔의 총 투자 금액은 1.33억 원(낙찰가 1.25억 원, 취득세, 대출 이자, 중도상환 수수료, 중개료, 수리비 등 기타비용 0.08억 원)이었고, 반전세 계약으로 1.6억 원에 10만 원, 그래서 최종 수익률은 플러스 피 0.27억 원, 월세 10만 원입니다(현 매매 시세는 1.85억 원).

　　인천 부평구의 오피스텔은 투자 금액은 1.68억 원(낙찰가 1.54억 원, 취득세, 대출 이자, 중도상환 수수료, 중개료, 입찰대행료, 수리비 등 기타비용 0.14억 원)으로 반전세 계약으로 1.78억 원에 5만 원으로 최종 수익률은 플러스 피 0.1억 원에 월세 5만 원입니다(현 매매 시세는 1.85억 원). 인천 미추홀구의 오피스텔은 총 투자 금액은 낙찰가 1.99억 원, 취득세 및 법무비 0.1억 원, 기타 비용은 미정으로 아직 계약 전입니다.

　　낙찰 후의 계획으로는 한두 건 더 플러스 피를 만드는 주거 오피스텔 물건으로 경매를 진행하고, 그 후에는 상가 법인 경매로 월세 세팅을 하려고 생각하고 있습니다. 당장은 투자금이 많지 않지만, 상가에 투자금이 묶이더라도 한 달에 순수익 100만 원만이라도 일단 세팅한다면 약 5천만 원 정도씩 투자금이 모일 때마다(맞벌이 근로소득과 부동산 월세소득으로 함께 모아야죠) 계속해서 상가 법인 경매로 월세 세팅을 늘려갈 생각입니다.

처음 5천만 원 모으기까지 2년이 걸렸다면 월세 흐름이 150, 200이 되면 5천만 원 모으기까지 1년으로 단축되고 그 이후에는 더 빨라지지 않을까 생각합니다.

거기에 추가로 전세를 주고 있는 서울 구축 아파트와 분양권 투자했던 물건(남양주 생숙으로 2021년 4월 입주 완료)에서 보증금이 추가로 회수되면 상가 투자 자금으로 활용하고자 합니다. 제가 사는 전셋집은 임대사업자 물건이어서 최대한 여기서 버티는 게 목표인데 어떻게 될지는 모르겠네요. 한 살이라도 젊을 때 고생한다 생각하고 버텨볼 계획입니다.

긴 글을 마무리하며

사실, 독자에게 조언할 만한 입장은 못 되는 사람이라 생각하지만, 안심 전세로 대략적인 전세 시세를 손쉽게 파악할 수 있다고 자만하여 두 번째 인천 미추홀구 물건의 시세 조사를 정확하게 하지 않았던 점이 아직 해결되지 않은 숙제로 남아있습니다. 외부 감정, 동시 진행, 부동산 컨설팅 등 인터넷에 찾아보면 시세를 왜곡하는 다양한 방법으로 거래가 이루어져 실거래가에 찍히게 되고 그로 인해 잘 알지 못하는 지역은 저처럼 시세 파악을 잘못할 수도 있습니다.

매번 시세 조사와 임장을 철저히 하기는 힘들지만, 다양한 사례를 간접적으로 경험하고 유튜브나 블로그, 카페 등을 통해 경매 시 조심해야 할 점은 많은 공부가 필요하다고 생각합니다.

지금까지 긴 글을 읽어주셔서 감사합니다. 개인적으로 경매 입문 전부터 현재까지 투자와 관련된 일련의 사건들을 되짚어보는 계기가 된 것 같습니다. 잘한 것도 있고 실패한 것도 있는데 초창기에 새벽까지 집중해서 공부하던 순간들도 기억나서 다시 한번 각오를 다지는 계기가 된 것 같습니다. 경장인 님 카페에 2021년 목표 선언한 것도 다시 읽게 되었고요. 비록 계획한 대로 되고 있지는 않지만, 지금부터라도 다시 노력해야겠습니다.

혹시라도 제 사례가 경장인 님 책에 수록되면 제 두 번째 이야기가 수록되는 건데요. 첫 번째 책에는 취미 생활을 좋아하고 스트레스 없이 정년까지 직장생활하는 게 목표라는 직장동료로 소개되었는데 불과 몇 달 사이에 이렇게 마인드가 바뀌고 적극적으로 투자하게 될지 누가 알았을까요? 앞으로도 지치지 않고 적극적이고 건전한 투자를 할 수 있도록 함께 노력했으면 좋겠습니다.

당신의 실천을 독려해 드리겠습니다

2018년 신입사원 때부터 부동산 경매를 시작하면서 제 인생의 많은 부분이 바뀌었습니다. 회사 월급으로 만족하지 않고 지속적으로 부수입을 찾았고, 그렇게 부동산 경매를 접했습니다. 그 과정에서 레버리지를 이용해서 수익률을 극대화하는 것을 배웠고, 결과적으로 경매는 제가 한층 더 여유로운 삶을 살 수 있도록 해주었습니다.

고생스러운 부동산 경매를 통해 수익을 만들어가다 보니 다른 부동산 투자 방법이 굉장히 편하게 느껴졌습니다. 모든 조사를 제가 직접 해야 하는 부동산 경매보다 공인중개사에게 편하게 브리핑받고 투자를 결정하는 것이나 인터넷으로 재개발 여부를 살펴보고 투자하는 것은 경매에 비하면 너무나 편했습니다.

혹시 아직도 경매는 위험하다는 생각으로 고민하는 분이 있다면 적극적으로 한번 해보라고 말씀드리고 싶습니다. 회사의 막내 사원이 650만 원으로도 이렇게 해냈는데 여러분들은 더 잘 할 수 있을 거라는 생각이 듭니다.

너무 걱정된다면 제가 아래 소개하는 카페에 올린 글을 보면서 마인드를 다잡고, 막막한 부분을 질문해주시면 제가 최대한 빠르게 답변해드리도록 하겠습니다.

• **경직모**(경매하는 직장인 모임): 재테크, 부동산, 경매 등을 통해 경제적 자유를 찾는 카페

지금까지 긴 글 끝까지 읽어주셔서 감사합니다.

경매하는 직장인: 650만 원으로 3년 만에 40억 원 만든 경매 투자법

초판 1쇄 인쇄 2021년 12월 8일
초판 6쇄 발행 2024년 6월 19일

지은이 정규범(경장인)
펴낸이 권기대

펴낸곳 ㈜베가북스 **출판등록** 2021년 6월 18일 제2021-000108호
주소 (07261) 서울특별시 영등포구 양산로17길 12, 후민타워 6~7층 주식회사 베가북스
주문·문의 전화 (02)322-7241 팩스 (02)322-7242

ISBN 979-11-6821-009-7 13320

* 책값은 뒤표지에 있습니다.
* 잘못된 책은 구입하신 서점에서 바꾸어 드립니다.
* 좋은 책을 만드는 것은 바로 독자 여러분입니다.
  (주)베가북스는 독자 의견에 항상 귀를 기울입니다. (주)베가북스의 문은 항상 열려 있습니다.
  원고 투고 또는 문의사항은 vega7241@naver.com으로 보내주시기 바랍니다.
* (주)베가북스에 대한 더 많은 정보가 필요하신 분은 홈페이지를 방문해주시기 바랍니다.

vegabooks@naver.com www.vegabooks.co.kr
 http://blog.naver.com/vegabooks vegabooks VegaBooksCo